QUESTIONS
DE
LITTÉRATURE LÉGALE.

A PARIS,

CHEZ RORET, LIBRAIRE,

RUE HAUTEFEUILLE.

QUESTIONS
DE
LITTÉRATURE LÉGALE.

DU PLAGIAT,
DE LA SUPPOSITION D'AUTEURS,
DES SUPERCHERIES
QUI ONT RAPPORT AUX LIVRES.

PAR CHARLES NODIER,

Chevalier de la Légion d'Honneur, Bibliothécaire du Roi à l'Arsenal, Membre de la Société des Bibliophiles et de plusieurs Académies.

SECONDE ÉDITION,

REVUE, CORRIGÉE ET CONSIDÉRABLEMENT AUGMENTÉE.

A PARIS,

DE L'IMPRIMERIE DE CRAPELET,

RUE DE VAUGIRARD, N° 9.

AVERTISSEMENT

SUR CETTE NOUVELLE ÉDITION.

Voici de mes foibles ouvrages celui dont le foible succès a été le moins contesté. Cependant, exécuté en peu de jours au fond de la retraite que me prêtoit un ami, sous le double poids d'une maladie grave et d'une persécution qui n'avoit depuis long-temps plus d'objet, dans un dénûment absolu de livres, il devoit contenir bien des fautes, bien des renseignemens hasardés, bien des citations inexactes, et par-dessus tout cela bien des torts d'omissions. Je ne prétends pas avoir remédié à tant d'imperfections; mais je n'ai rien épargné pour en diminuer le nombre dans un livre que j'aime, et parce qu'il m'a valu l'estime de quelques hommes très distingués qui m'ont accordé depuis de l'amitié, et parce qu'il me rappelle le souvenir des heureuses distractions dont je charmois si facilement ma pénible vie au temps où je l'ai composé. J'ai tout vérifié, tout rectifié, tout modifié, du moins selon les lumières que m'ont acquises mes nouvelles études. J'ai recueilli tous les faits, tous les exemples que ma mémoire a pu me fournir. On jugera par une seule circonstance de leur nombre et de leur variété. La *Table des auteurs cités* se trouve augmentée de près de deux cents noms dans cette nouvelle édition. J'aurois donc pu la donner pour un ouvrage presque nouveau, et cela m'auroit été d'autant plus facile que celui qu'elle reproduit est nécessairement oublié de tout le monde. Il faudroit être bien fier pour souffrir aujourd'hui d'un pareil aveu. Que de choses ont disparu dans ces quinze ans, auxquelles tout sembloit promettre de plus longues destinées!

Ceci explique ce qu'il y a d'intempestif dans certaines parties de ma critique littéraire. Les défauts que je me permettois de reprocher à l'école à la mode n'existent plus. Ils ont peut-être fait place à d'autres que je n'aurois pu signaler maintenant sans troubler l'harmonie de mon petit travail. J'ai cru devoir revenir quelquefois sur cette observation dans des *notes nouvelles* (N. N.)[1], qui empêcheront le lecteur d'oublier que je date déjà d'un peu loin, et que les moulins à vent que je parois combattre, étoient jadis des géans. C'est une induction, d'après laquelle on ne peut que trop souvent juger les géans littéraires d'une époque.

[1] Je n'ai marqué cette indication qu'aux endroits où elle étoit essentielle pour ne pas distraire l'esprit de la véritable époque de la composition.

AVERTISSEMENT.

Cette édition a subi des changemens dont il faut bien que je rende raison, ne fût-ce que pour déclarer qu'ils ne portent sur aucune des opinions fondamentales que j'ai toujours professées relativement à la religion, à la morale et aux lois. Obscur dans toute la France, si ce n'est pour la police, qui servoit avec une ferveur plus maladroite que cruelle les intérêts de son maître, j'avois reçu de l'habitude des persécutions une sorte de préoccupation singulière de mon importance politique, dont je fais naïvement la confession sans craindre qu'elle m'expose au ridicule. C'étoit ce qu'on appelleroit aujourd'hui la *monomanie* du malheur, mélancolie soupçonneuse, irritable et fière, plus digne de pitié que de dérision dans un infortuné qui a passé les plus belles années de sa vie au cachot, ou, ce qui est bien pis, à fuir les cachots sous les intempéries du ciel, et à travers les rigueurs et les dédains des hommes. Qui pourroit, sans un peu d'orgueil, résister à tant de maux ? Je crus devoir cacher ce nom que personne ne connoissoit, car un proscrit pour opinions libérales n'intéressoit alors personne; je dissimulai avec un soin dont la première édition de cet écrit porte le témoignage, ma position sociale, mon âge, ma religion; et si l'on jugeoit de cette époque par la multiplicité des précautions que j'employai pour publier un livre innocent, on la jugeroit fort mal. Je me trompois.

Dans un ouvrage où il est question de tant de supercheries, l'idée de ces suppositions m'avoit d'ailleurs paru piquante, et je me réjouissois de l'idée qu'on ne me reconnoîtroit pas sous mes déguisemens : l'amitié me reconnut, et la bienveillance de M. Étienne m'ouvrit peu de temps après une carrière plus heureuse, où elle m'a toujours suivi. Il y a ici beaucoup d'anecdotes littéraires, et je ne me pardonnerois jamais d'avoir oublié celle-là.

Ch. Nodier.

A M. C. WEISS,

BIBLIOTHÉCAIRE DE LA VILLE DE BESANÇON.

1811.

Ne t'effraie pas, mon ami, du titre un peu ambitieux de cette brochure. Je ne suis pas devenu juriste, et je ne me propose pas de t'entretenir d'autre chose que de ces doctes bagatelles qui ont amusé jusqu'ici notre vie. Un autre y coudra le fatras de Barthole, si la matière le permet ; quant à moi, je me suis contenté d'indiquer certains des délits dont l'exemple se renouvelle le plus souvent dans l'histoire littéraire, et de broder ce fond de peu d'importance de quelques anecdotes curieuses, que ma mémoire avoit conservées par hasard. Tu sais que je n'ai pas d'autre guide aujourd'hui, et que la fortune m'a placé dans un état où je ne puis ni rassembler des livres, ni profiter de ceux des autres; mais que, riche de la facilité de conserver quelques titres et quelques dates, je me tiens lieu à moi-même d'une mauvaise bibliographie : pitoyable avantage, à la vérité, s'il ne prouvoit pas en même temps une faculté de réminiscence qui me procure des sensations plus heureuses, et, entre autres, le souvenir, toujours plus cher, de ta vieille et fidèle amitié.

Je suis bien sûr d'avance que les pages que tu vas parcourir ne t'apprendront pas une seule circonstance utile, et il y en a deux bonnes raisons : la première, c'est qu'il est très difficile, à ce que disent les plus savans hommes de notre temps, de t'apprendre quelque chose ; la seconde, c'est que cet écrit est d'une érudition fort médiocre, et qu'il ne mériteroit certainement pas les honneurs de l'impression, s'ils n'étoient accordés qu'aux notions nouvelles et intéressantes, comme cela devroit être.

Tu pourras y voir, cependant, çà et là certaines opinions qui ne sont pas si peu hasardées qu'elles passent sans contestation. Je m'en rapporte volontiers à ton jugement, et même à celui des autres, parce que je reconnois sans peine mon infériorité envers quiconque se mêle d'avoir une opinion en littérature ; mais je n'ai pas hésité à les exprimer ici, parce que j'exprime avec plaisir tout ce que je pense. Une erreur en morale mène loin ; mais c'est une bagatelle en matière de critique, et tellement, que je ne doute pas de l'indulgence de ceux que la mienne auroit lésés. Dans tous les cas, il n'y a rien de plus loin de mon cœur que l'intention de blesser un talent, et même d'offenser une manie. Je discute assez mal à propos, peut-être, sur un point que j'entends assez mal ; mais je ne dispute point, et je ne vois rien de pis que d'aller troubler le repos d'un honnête homme, dont on voudroit être l'ami, si on l'avoit rencontré une seule fois, à l'occasion d'une niaiserie philologique, qui n'intéresse personne. C'est pour cela que la difficile profession de nos journalistes m'a toujours effrayé, et que je ne les ai jamais lus sans être tenté de plaindre cette vocation nécessaire, mais douloureuse, qui les force à immoler tous les jours des victimes humaines à la défense du goût. Je t'avoue, entre nous, que j'aimerois mieux, à leur place, laisser passer un mauvais livre, qui mourroit tout aussi bien, et peut-être plus vite, du vice qu'il a apporté en naissant, que d'aller bourreler son père d'un supplice inutile, son père qui lui auroit si doucement survécu sans s'en apercevoir. Ne va pas croire pourtant que j'use ici de précaution oratoire, pour faire tomber de la main de César la sentence de Ligarius, car Ligarius ne me touche pas du tout ; c'est un enfant dédaigné, auquel je n'attache ton nom que pour me laver du reproche de n'avoir rien fait pour lui. Si un jour je consacre notre amitié par un testament dans le genre de celui d'Eudamidas, je tâcherai de te laisser une fille plus capable d'honorer son tuteur.

Ce petit livre aura d'ailleurs tout le succès que je lui souhaite, s'il porte un peu au-delà de ma vie un foible témoignage de ma profonde déférence pour ton goût, de mon admiration pour ton savoir, de mon estime pour ton caractère, et de mon inviolable amitié.

C<small>H</small>. N.[1]

[1] Cette Dédicace étoit signée dans la première édition des initiales E. de N...... j'en ai dit la raison plus haut. On pense bien que je n'avois pas nommé non plus M. Weiss.

TABLE

DES

AUTEURS ET DES LIVRES CITÉS,

AVEC LE NUMÉRO DU PARAGRAPHE.

ABERCROMBIE, IV.
Accius, VIII.
Aceilly, IV.
Adam, VIII.
Adamo, tragédie d'Andreini, IV.
Aguesseau (d'), VI.
Albertet de Sisteron, VI.
Alcyon, VI.
Alfieri, I, XII.
Almeloveen, V.
Alsinois (le comte), VIII.
Amyot, IV, XI, XII, XXIII.
Andreini, IV.
Antigone Carystius, XVIII.
Aphtone, V.
Apollonius Dyscole, XVIII.
Apollonius de Tyane, VIII.
Archiloque, XXIII.
Archontius, VIII.
Arétin, XXIII.
Art poétique, de Vida, X.
Athalie, tragédie de Racine, I.
Atheismus triumphatus, de Campanella, XXII.
Aventurier français (l'), de Le Suire, XI.
Avocat Patelin (l'), de Brueys, VII.

Augmentis scientiarum (de), de Bacon, V.
Augustin (saint), V.
Ausone, I, XII.
Autelz (Guillaume des), XI.
Bacon, V.
Baïf, III.
Baillet, IV, XIII.
Balzac, XI, XII.
Banduri, IV.
Barbier, IV, XVII.
Baron, I.
Barre (le Père), V.
Barre (La), IV.
Bartas (Du), VIII.
Basnage, IV.
Bauer, XVII.
Bayle, I, II, V. XIII.
Bellenden, VI.
Belon, IV.
Béméchobius, XVIII.
Bentley, VIII.
Bergellanus, XV.
Bernardin de Saint-Pierre, NOTES.
Beverland, XIX.
Bibliotheca hist. litter., de Struvius, XVII.
Bigarrures, de Tabourot, VIII.

TABLE DES AUTEURS.

Blanche et Guiscard, tragédie, iv.
Boccace, xxiii.
Boileau, i, xi, xii.
Bossuet, v, xii.
Boulainvilliers, xxii.
Boulanger, viii.
Bourgueville, xxiii.
Brerewood, v.
Brueys, vii.
Brunet, xvii.
Bruno Nolano, i.
Brutus (Marcus J.), viii.
Brutus (Jean-Michel), iv.
Bruyère, v, xii, xvi.
Buchoz, xxiii.
Buffon, vii.
Bure (De), xvii.
Bussy Rabutin, iv.
Caldéron, i, xii.
Campanella, xxii.
Campistron, xii.
Candelaio (il), i.
Cange (Du), xviii.
Capilupi (les), i.
Caractères de La Bruyère, xvi.
Cardan, xviii.
Caron, xxiii.
Cassaigne, i.
Cassius, viii.
Castil-Blaze, iv.
Catilina, tragédie de Crébillon, vii.
Caton le censeur, viii.
Catulle, xix.
Caurres (Des), ii.
Césaire (saint), xviii.
Chambers, v.
Chandieu, xxiii.
Chapelain, xi.
Chapelain (Jean), viii.
Chappuis (Gabriel), viii.
Charron, v, xix, Notes.
Chartier (Alain), viii.
Chatterton, viii.
Cheffontaine, xxiii.
Cherbury (Herbert de), xvi.

Choses merveilleuses (des). Voy. Phlegon, Antigone et Apollonius Dyscole.
Cicéron, iv, vi, viii, xi, xii.
Cirelli, xx.
Clarke, xiii.
Claudien, xii.
Clef du Sanctuaire, ouvrage de Spinosa, xxi.
Clémence d'Auguste, tragédie de Corneille, i.
Clément (David), iv, xvii.
Clotilde, viii.
Colletet, vi, vii.
Colomiez, iii.
Columna, xix.
Commentaires de la Langue latine, par Dolet, v.
Comines (Philippe de), iv.
Compère Matthieu, roman de Dulaurent, v.
Comptes du monde adventureux, viii.
Comtesse d'Escarbagnas, i.
Considérations sur les coups d'Etat, de Naudé, xxi.
Corns (J. de), iv.
Corbinelli, iv.
Corneille, i, iii, vii, xii, xvi, xxiii, Notes.
Courrier, xi.
Courtilz (Gatien de), viii.
Coutel, vi.
Crébillon, vii.
Crenius, v.
Crenne (Hélisenne de), xi.
Croft (Herbert), viii.
Croix du Maine (La), viii.
Cymbalum mundi, de Desperiers, xvii.
Cyrano de Bergerac, i.
D'Alembert, v.
Damilaville, viii.
Dancourt, vii.
Daphné, viii.
Daphnis et Chloé, roman de Longus, xi.

TABLE DES AUTEURS.

Décameron, de Boccace, VIII.
Déclamation (*la*), poëme, IV.
Delille, IV.
Denisot (Nicolas), VIII.
Deshoulières (madame), VI.
Desperriers (Bonaventure), VIII, XVII.
Diamante, I.
Dictionnaire de l'Académie, XVII.
Dictionnaire des Anonymes, XVII.
Dictionnaire de Trévoux, IV.
Dictionnaire Théologique, XXII.
Diderot, V.
Diogène Laërce, VIII.
Discours non plus mélancoliques que divers, VIII.
Diversités des Langues, par Brerewood, V.
Dolet, V, XIX.
Dorat, IV.
Duarenus, IV.
Du Ryer, I.
Du Tillot, IV.
Du Verdier, II.
Encyclopédie, de Chambers, V.
—— de Diderot, V.
—— de Panckoucke, V.
Ennius, I, XII.
Enoch, VIII.
Ephore, I, II.
Epicure, II.
Epitres d'Horace, VIII.
Epreuve réciproque, comédie de Legrand, I.
Erasme, V.
Esope, VIII.
Essais de Montaigne, V.
—— dans le genre de Montaigne, XVI.
—— sur les révolutions des Sciences et des Arts, par M. de Roujoux, VIII.
Etienne (Charles), V.
Etienne (Henri), V, XVII.
Etienne (M.), I.
Evremont (Saint-), V.
Euripide, II.

Eusèbe, XVIII.
Exilio (*de*), d'Alcyon, VI.
Fabre d'Uzès, VI.
Fabricius, XXIII.
Facétieuses journées, de G. Chappuis, VIII.
Falconia Proba, I.
Faerne, VI.
Faujas de Saint-Fond, XXIII.
Fayette (madame de La), VII.
Femmes savantes (*les*), comédie de Molière, XI.
Fénelon, V, XII, XXII, XXIII.
Ferrand, Notes.
Festin de Pierre, de Molière, XX.
Fléau de la Foi (*le*), de Geoffroi Vallée, XVII.
Fléchier, III, XII.
Florus, XII.
Fontaine (de La), V, VIII, XII.
Fontenelle, I, V.
Formy, XXIII.
Freinshemius, X.
Fréron, Notes.
Furetière, IV.
Furibus librariis (*de*), V.
Gamba, XX, XXIII.
Gassendi, XVI.
Gilbert, VII.
Gilles d'Albi, IV.
Glain (Saint-), XXI.
Gloria (*de*), traité de Cicéron, VI.
Graindorge, XXIII.
Grainville, VIII.
Gresset, VIII.
Gueneau de Montbeillard, VII.
Guilain de Castro, I.
Hamilton (lady Mary), IV.
Hardouin (le Père), VIII.
Héliodore, IV, VII.
Héloïse (*Nouvelle*), roman de Rousseau, XI.
Hénault, VI.
Henriade (*la*), de Voltaire, I, XII.
Héraclius, de Corneille, I.

TABLE DES AUTEURS.

Hermès, VIII.
Hérodote, VIII.
Herschell, VIII.
Histoire d'Allemagne, par le Père Barre, V.
—— *de Charles XII*, par Voltaire, V.
—— *de Calejava*, par Gilbert, XVII.
—— *des Etablissemens dans les deux Indes*, par Raynal, V.
—— *naturelle*, par Buffon, VII.
—— *des Oiseaux*, par le même, VII.
Hobbes, XVI, XVII.
Homère, I, VIII, XII.
Horace, I, V, VIII, X, XII.
Horus, VIII.
Huyghens, VIII.
Hypnérotomachie de Poliphile, XIX.
Iliade d'Homère, XXIII.
Imagination (l'), poëme, IV.
Isaïe, XII.
Jacomelli, IV.
Jansson d'Almeloveen, V.
Jeux de l'Amour et du Hasard, de Marivaux, I.
Jezirah, livre attribué à Abraham, VIII.
Job (Livre de), IV, Notes.
Josèphe, IX.
Jugler, XVII.
Justin, IV.
Juvénal, I.
Juvigny (Rigoley de), VIII, XXIII.
Kortholt, XVI.
La Fontaine, IV.
Lambinus, IV.
La Monnoye, II, XXIII.
Lamy, XXII.
Landié (Edouard), VI.
Le Bœuf, IV.
Le Duchat, XXIII.
Légataire universel (le), comédie de Regnard, VI.

Legrand, I.
Lélius, VII.
Le Mire (Aubert), IV.
Lenfant (Jacques), XX.
Lenglet Dufresnoy, XXIII.
Léonard de Utino, XIX.
Leti, XIII.
Lettres persanes, de Montesquieu, XVI.
Linus, VIII.
Ligue (la), tragédie de Mathieu, I.
Lippi, XX.
Liron, IV.
Lockman, VIII.
Lomeyer, IV.
Longus, IV, XI, XXIII.
Lorenzo de Médicis, XXIII.
Lucrèce, VIII.
Ludicra Dictione (de), de Vavasseur, VIII.
Luit, IV.
Lygdamus, VIII.
Lysias, VIII.
Mably, V.
Machiavel, XII.
Macpherson, VIII.
Macrobe, I.
Mairet, VII.
Malherbe, VIII, Notes.
Malmantile racquistato, de Lippi, XX.
Manuce, VI.
Manuel du Libraire, de M. Brunet, XVII.
Mercassus, XX.
Marchand (Prosper), XVII.
Marianne, roman de Marivaux, XI.
Marini, I.
Marivaux, I, XI.
Marmontel, I.
Marot, V, Notes.
Masenius, IV.
Maumont, IV.
Maupertuis, XVIII.
Maury, IV.

TABLE DES AUTEURS. xiij

May (Louis du), xxi.
Masuccio Salernitano, viii.
Mathieu (Pierre), i.
Maucune (de), xvii.
Maynard, Notes.
Médée, tragédie d'Euripide, ii.
Ménage, iv.
Mercier de Saint-Léger, i.
Meursius, xviii.
Meursius (Chorier), xxiii.
Middleton, viii.
Milton, iv, xii, xvii.
Mirabeau, viii.
Mirabilis Liber, xviii.
Misanthrope (le), comédie de Molière, xi.
Molière, i, iv, v, xi, xii, xx.
Monge (le) *des Iles d'or*, vi.
Monin (Edouard du), viii.
Monnoye (de La), viii, xvii.
Montaigne, i, ii, v, vii, xii, xvi, Notes.
Montesquieu, xii.
Mœurs (les), de Toussaint, iv.
Moréri, v.
Mothe (La) le Vayer, i, v.
Motte (La) Houdart, iv, viii.
Motteux (Le), xxiii.
Moutons (les), idylle de Coutel, vi.
Moyse, xii.
Muret, iv, xvii.
Nature (de la) *et de l'Univers*, poëme de Clotilde, viii.
Naudé (Gabriel), xx.
Nérée (R.-J.), i, Notes.
Nicéron, iv.
Nizolius, v.
Noble (Le), xxiii.
Nodot, x.
Nostradamus, vi, xviii.
Nostredame, vi.
Numa, viii.
Ode à la Fortune, de J.-B. Rousseau, i.
Oraisons funèbres, de Bossuet, xii.

Orphée, viii.
Ossian, viii.
Pacuve, viii.
Palamède, viii.
Palissy (B. de), xxiii.
Paradis perdu, de Milton, iv.
Parnell, Notes.
Parrain (le), *magnifique*, poëme de Gresset, viii.
Pascal, v, xii, Notes.
Pechméja, v.
Pédant joué, comédie de Cyrano, i.
Pelletier (Jacques), viii.
Pellicier (Guillaume), iv.
Pensées, de Pascal, v.
Petit Carême, de Massillon, xii.
Pétrone, x.
Phalaris, viii.
Phèdre, vi.
Philippe d'Orléans, régent, xxiii.
Phlégon, xviii.
Picolomini (Æneas Silvius), vii.
Pilpay, viii.
Pithou, vi.
Planudes, viii.
Platon, xii, xxiii.
Plaute, i.
Pline, viii.
Plutarque, i, viii, xii.
Pogge, viii.
Politien, iii.
Porter (Jane), iv, Notes.
Postel, xvii.
Précieuses (les) *ridicules*, de Molière, xi.
Provinciales (les), de Pascal, xii.
Publius Syrus, v.
Psyché, de Corneille, i.
Pyrame et Thisbé, tragédie de Théophile, i.
Pythagore, viii.
Quinte-Curce, x.
Rabelais, v, xi, xii, xxiii.

Racine, I, IV, V, XII, XXIII.
Ramsay, V, XII.
Raynal, V.
Raynouard, IV.
Regius (Loys), *dit* Le Roy, V.
Regnard, VI.
Renouard, XI.
Réflexions d'un Esprit désintéressé sur les matières du Salut, par Spinosa, XXI.
Réfutation de Spinosa, par Fénelon, Lamy et Boulainvilliers, XXII.
Riccoboni (madame), XI.
Ricotier, XIII.
Rochefoucauld (le duc de La), IV, XVI.
Rondelet, IV.
Ronsard, VIII.
Roujoux, VIII.
Rousseau (J.-B.), I.
Rousseau (J.-J.), V, XI, XII.
Rowley, VIII.
Sabatier, I, IV.
Sainte-Marthe, IV.
Salgues, XVIII.
Sallengre, XVII.
Sallier, V.
Salluste, XXIII.
Salomon, VIII.
Sarcotis, poëme de Masenius, IV.
Sarrazin, IV.
Satires, d'Horace, VIII.
Saturnales (les), de Macrobe, I.
Satyricon, de Pétrone, X.
Saurin, IV.
Scapin (Fourberies de), comédie de Molière, I.
Scapula, V.
Scarron, NOTES.
Science des Princes, par Naudé, XXI.
Scipion, VII.
Scott (Walter), IV.
Scriptores rerum mirabilium, XVIII.
Scudéry, I.
Segrais, VII.
Sénèque, I, IV, V, XII.
Sénèque le tragique, I.
Servet, XVII.
Seth, VIII.
Sévigné (madame de), IV.
Shakspeare, I, VIII.
Simien Despréaux, VIII.
Sophonisbe, tragédie de Mairet, VII.
Spinosa, XVI, XVII, XXI.
Stace, XII.
Sterne, VIII.
Straubius, XVII.
Strigelius (Victorin), II.
Suire (Le), XI.
Surville, VIII.
Tabourot (Etienne), VIII, XIX.
Tacite, IV, VIII, IX, X, XII.
Tacite en maximes, de Corbinelli, IV.
Télémaque, de Fénelon, V.
Térence, VII, VIII.
Théagène et Chariclée, roman d'Héliodore, XII.
Thémistocle, VIII.
Théophile, I, VII.
Thomæus (Leonicus), VI.
Thomasius, IV.
Thou (De), IV.
Thucydide, XII.
Tibulle, VIII.
Timée de Locres, V.
Tite Live, VIII, X, XII.
Tollius, IV.
Toussaint, IV.
Tout est Vérité, tout est Mensonge, comédie de Caldéron, I.
Traité des Cérémonies superstitieuses des Juifs, par Spinosa, XXI.
Tribus Impostoribus (de), XVI, XVII, XVIII.
Triomphe de la Ligue, tragédie de Nérée, I.

Trois Siècles littéraires (les), de l'abbé Sabatier, IV.
Tunstall, VIII.
Vallée (Geoffroi), XVII.
Vallière (duc de La), XVII.
Vallon (madame de), VIII.
Varius, VIII.
Varron, VIII.
Vavasseur, VIII.
Veggio (Mapheo), X.
Vicissitudes des Sciences, par Regius, V.
Vida, X.
Vie d'Esope, par Bachet, XX.
Villon, XXIII.
Vinet (Elie), VIII.
Virgile, I, V, VII, VIII, X, XII, XXIII.
Virtute (de), traité de Brutus, VIII.
Vogt, XVII.
Voltaire, I, IV, V, VIII, X, XII, XX, NOTES.
Vossius, XIX.
Voyages et Aventures des trois Princes de Sarendip, NOTES.
Voyages de Cyrus, par Ramsay, V.
Xénophon, XII.
Zadig, de Voltaire, NOTES.
Zoroastre, VIII.

QUESTIONS
DE LITTÉRATURE LÉGALE.

1.

DE L'IMITATION.

On est convenu d'appeler *imitation* toute traduction d'une langue morte introduite dans un ouvrage d'imagination [1], qui n'est pas lui-même la traduction exacte de l'écrit dont elle est tirée.

Virgile a imité Homère; Racine, les tragiques grecs; Molière, Plaute; Boileau, Juvénal et Horace, etc., sans encourir de reproches légitimes. Mais il n'en est pas de même des pro-

---

[1] Je dis *dans un ouvrage d'imagination*, parce que je ne pense pas qu'il en soit de même dans les ouvrages de sciences, et en voici la raison : le poète, et particulièrement le poète dramatique, qui s'empare d'une idée ingénieuse ou sublime, et qui la fait passer dans sa langue, n'est pas maître de citer. Il y a d'ailleurs dans l'application du langage élégant et mesuré de la poésie à une pensée quelconque, une espèce de mérite propre qui distingue le poète du prosateur; enfin, ce genre d'emprunt est consacré par l'avis unanime des critiques. C'est toute autre chose de traduire,

sateurs du genre simple, qui n'ont point de traits brillans à dérober, comme si l'importance du vol en diminuoit la gravité. Montaigne a commis beaucoup de plagiats sur Sénèque et sur Plutarque; mais il s'en accuse à tout moment, et déclare qu'il est bien aise que ses critiques donnent à Sénèque des nasardes sur son nez. Une partie de ces beaux chapitres, *que philosopher c'est apprendre à mourir*, et *d'une coutume de l'île de Cea*, en est visiblement tissue. Il est même plus facile que Montaigne ne le croyoit, de reconnoître la phrase courte, figurée, sentencieuse, presque toujours *antithétique* de Sénèque, au travers de la riche abondance de son style, étendu sans être lâche, et détaillé sans être prolixe.

On ne considère encore que comme *imitation* l'emprunt qu'un auteur fait à une langue vivante, étrangère à la sienne. On a mis sur notre

---

sans le nommer, un auteur étranger ou ancien qui a écrit sur des matières positives, et dont le mérite consiste, ou dans certaines découvertes, ou dans l'ordre qu'il a donné aux découvertes des autres, ou dans la manière dont il les a exprimées. Cette traduction *subreptice* est un véritable plagiat, un vol caractérisé, quand elle n'est pas accompagnée d'une déclaration formelle, ou d'une déclaration implicite, comme celle qui résulte de la conformité du titre même, et l'on n'en a jamais jugé autrement.

scène, sans être accusé de plagiat, de fort beaux passages d'Alfieri et de Shakspeare, et les philosophes du dernier siècle doivent la plupart de leurs raisonnemens à certains auteurs anglais. Je crois toutefois qu'il y a quelque défaut de probité littéraire à s'emparer d'un trait admirable, et à le faire passer pour sien, soit qu'on le tire d'une langue étrangère, soit qu'on le tire d'une langue morte. C'est donc un cas de conscience en littérature que le procédé de notre grand Corneille, qui a servilement copié une belle et touchante pensée de Calderon dans sa tragédie d'*Héraclius* :

O malheureux Phocas ! ô trop heureux Maurice !
Tu retrouves deux fils pour mourir après toi !
Je n'en puis trouver un pour régner après moi.

Ce qu'il y a de certain, c'est que nos critiques ont fort sévèrement accusé Calderon de ce plagiat, tant qu'il n'a pas été prouvé que la *fameuse* comédie, *Tout est vérité, tout est mensonge*, avoit sur *Héraclius* une priorité de quelques années. Je ne parle pas ici de la fameuse tragédie du *Cid*, si fidèlement imitée de Guilain de Castro, qui l'avoit imitée lui-même de Diamante, parce que Corneille, loin d'éviter le rapprochement qui résultoit du titre de l'ouvrage, a reconnu avec la plus grande loyauté les nombreux emprunts qu'il avoit faits à l'auteur espagnol.

Au reste, le plagiat commis sur les auteurs modernes, de quelque pays qu'ils soient, a déjà un degré d'innocence de moins que le plagiat commis sur les anciens, et beaucoup d'écrivains d'une délicatesse reconnue l'ont nettement désapprouvé. « Si j'ai pris quelque chose, dit « Scudéry, dans les Grecs et dans les Latins, « je n'ai rien pris du tout dans les Italiens, « dans les Espagnols, ni dans les Français, me « semblant que ce qui est étude chez les anciens « est volerie chez les modernes. » On peut répondre qu'il valoit mieux voler comme Corneille, que d'inventer comme Scudéry; mais si l'autorité de ce dernier n'est pas bien puissante, son opinion a du moins une apparence de raison et de probité qui mérite des égards. C'étoit celle aussi de Lamothe-le-Vayer, qui dit dans une de ses lettres, rapportée par Bayle au mot *Ephore*: « *Prendre des anciens et faire son pro-* « *fit de ce qu'ils ont écrit, c'est comme pirater* « *au-delà de la ligne, mais voler ceux de son* « *siècle, en s'appropriant leurs pensées et leurs* « *productions, c'est tirer la laine au coin des* « *rues, c'est ôter les manteaux sur le Pont-*

« *Neuf.* Je crois que tous les auteurs convien-
« nent de cette maxime, qu'il vaut mieux piller
« les anciens que les modernes, et qu'entre ceux-
« ci il faut épargner ses compatriotes, préféra-
« blement aux étrangers. La piraterie littéraire
« ne ressemble point du tout à celle des arma-
« teurs : ceux-ci se croient plus innocens lors-
« qu'ils exercent leur brigandage dans le Nou-
« veau-Monde, que s'ils l'exerçoient dans
« l'Europe. Les autres, au contraire, arment
« en course bien plus hardiment pour le vieux
« monde que pour le nouveau ; et ils ont lieu
« d'espérer qu'on les louera des prises qu'ils y
« feront..... Tous les plagiaires, quand ils le
« peuvent, suivent le plan de la distinction
« que j'ai alléguée ; mais ils ne le font pas
« par principe de conscience. C'est plutôt afin
« de n'être pas reconnus. Lorsqu'on pille un
« auteur moderne, la prudence veut qu'on
« cache son larcin ; mais malheur au plagiaire
« s'il y a une trop grande disproportion entre
« ce qu'il vole et ce à quoi il le coud. Elle fait
« juger aux connoisseurs, non seulement qu'il
« est plagiaire, mais aussi qu'il l'est maladroite-
« ment..... *L'on peut dérober à la façon des*
« *abeilles, sans faire tort à personne,* dit en-
« core Lamothe-le-Vayer ; *mais le vol de la*

« *fourmi qui enlève le grain entier ne doit ja-*
« *mais être imité.* »

Quoi qu'il en soit, l'opinion la plus générale donne à l'imitation, ou si l'on veut au plagiat innocent, la latitude que j'ai déterminée tout à l'heure. Aucune langue ne peut condamner l'écrivain à qui elle a l'obligation d'être journellement enrichie de toutes les conquêtes qu'il lui plaît de faire sur les autres ; et si le procédé de l'auteur n'est pas d'une extrême sévérité morale, il n'en résulte cependant aucun désavantage social qui puisse en balancer l'utilité ; c'est pourquoi le cavalier Marin ne faisoit pas difficulté de dire que prendre sur ceux de sa nation, c'étoit larcin ; mais que prendre sur les étrangers, c'étoit conquête. Le génie a d'autres moyens, à la vérité, de lutter avec une nation rivale ; mais on a pensé que celui-là même n'étoit pas à dédaigner.

An dolus, an virtus, quis in hoste requirat ?

Le troisième genre d'imitation ou de plagiat autorisé est celui qui ne consiste qu'à mettre en vers la pensée d'un auteur national et même contemporain, mais qui écrivoit en prose. Par exemple, Corneille n'a fait que rimer une superbe page de Montaigne, au chapitre qui a pour titre : *Divers Événemens de même conseil*, pour en composer la scène admirable de la *Clémence d'Auguste*; et Montaigne lui-même a littéralement copié ce passage de Sénèque (Note A[1]). Voltaire a emprunté de la page qui précède les paroles si célèbres de Gusman au dénoûment d'*Alzire* (Note B); et Rousseau a pris dans deux lignes du chap. 2 du Livre III, l'idée, le sentiment et le tour des bonnes strophes de l'*Ode à la Fortune* (Note C).

Le quatrième genre, qui est beaucoup plus extraordinaire sans être moins consacré, est le plagiat qui a lieu d'un bon écrivain sur un mauvais. C'est une espèce de crime que les lois de la république littéraire autorisent, parce que cette société en retire l'avantage de jouir de quelques beautés qui resteroient ensevelies dans un auteur inconnu, si le talent d'un grand homme n'avoit daigné s'en parer. Ainsi nous admirons les vers de *la Henriade*, sans nous informer s'il n'en est pas quelques uns que le poète a enlevés à l'obscur Cassaigne (Note D); et nous n'avons jamais accusé Racine du vol de ce beau passage dont il a dépouillé le plus ignoré de nos vieux tragiques :

[1] *Voyez* les Notes à la fin du volume.

Dieu laisse-t-il jamais ses enfans au besoin ?
Aux petits des oiseaux il donne la pâture,
Et sa bonté s'étend sur toute la nature. '

« Du Ryer avoit dit avant M. de Voltaire, dit
« Marmontel, que les secrets des destinées n'é-

' Il faut avouer cependant que cet emprunt n'est pas tout-à-fait innocent, et que s'il n'a pas fait plus d'éclat, c'est que les circonstances en ont été dénaturées, au point de ne pouvoir être vérifiées par Voltaire, et par son copiste Sabatier de Castres, qui n'est pas d'ailleurs, comme on sait, entièrement désintéressé dans les questions de plagiat. Ces deux écrivains, dont les noms sont si étonnés de se trouver ensemble, font de Racine le plagiaire de Pierre Mathieu, auteur d'une tragédie fort oubliée de *la Ligue*, où l'on rencontre toutefois quelques germes de talent, et, par exemple, un beau dialogue à la manière de Sénèque le tragique, dont je suppose que Corneille s'est souvenu, mais où il n'y a pas un vers qui ait pu fournir à Racine une pensée ou une expression. Il m'a fallu chercher beaucoup et me diriger sur une induction un peu vague de la *Biographie universelle*, dans un article dont le rédacteur ne m'auroit rien laissé à dire s'il avoit eu sous les yeux le livre qu'il indique, pour m'assurer que Voltaire et Sabatier avoient confondu *la Ligue* de Pierre Mathieu avec le *Triomphe de la Ligue* de R.-J. Nérée, imprimée à Leyde, chez Thomas Basson, en 1607, in-12. C'est effectivement cet auteur que Racine a dérobé avec une singulière hardiesse, comme on en pourra juger à la Note E, à laquelle je suis obligé de renvoyer le lecteur. J'ajouterai seulement ici que ce nom de Nérée, qui est tout grec et qui devoit cacher un poëte remarquable pour son temps, ne me présente qu'une pseudonymie dont le mot est encore à trouver. (N. N.)

« toient pas renfermés dans les entrailles des
« victimes (Note F); Théophile, dans son *Py-*
« *rame*, pour exprimer la jalousie, avoit em-
« ployé le même tour et les mêmes images que
« le grand Corneille dans le ballet de *Psyché*
« (Note G); mais est-ce dans le vague de ces
« idées premières qu'est le mérite de l'inven-
« tion, du génie et du goût? Et si les poètes qui
« les ont d'abord employées les ont avilies, ou
« par la foiblesse, ou par la bassesse et la gros-
« sièreté de l'expression, ou si, par un mélange
« impur, ils en ont détruit tout le charme,
« sera-t-il interdit à jamais de les rendre dans
« leur pureté et dans leur beauté naturelle? De
« bonne foi, peut-on faire au génie un reproche
« d'avoir changé le cuivre en or? »

C'est en effet un délit dont on se fait si peu de conscience, que Virgile se flattoit d'avoir tiré des paillettes précieuses du fumier d'Ennius¹, et que Molière, en parlant de deux scènes très ingénieuses des *Fourberies de Scapin* qui

---

¹ *Voyez* le curieux Recueil qu'en a fait Macrobe, dans le sixième livre de ses *Saturnales*, qui traite des plagiats de Virgile. La philologie n'a point de recherches plus instructives et plus piquantes que cette comparaison soutenue des imitations du génie le plus pur de l'antiquité avec les créations de ses prédécesseurs.

avoient fait rire tout Paris dans *le Pédant joué* de Cyrano, s'excusoit de ce larcin, en disant qu'il est permis de reprendre son bien où on le trouve¹. Marivaux n'avoit pas les mêmes droits, et cependant il ne craignit point de reproduire, dans *les Jeux de l'Amour et du Hasard*, *l'Épreuve réciproque* de Legrand, qui est encore au théâtre : cette espèce de vol est fort commune parmi les auteurs dramatiques, et il y en a peut-être une assez bonne raison : c'est qu'un des principaux mérites de la comédie étant dans la peinture des mœurs, qui sont un sujet mobile et variable à l'infini, les sujets le plus avantageusement traités peuvent perdre, au bout de quelque temps, l'avantage de cette peinture, quand elle s'est bornée surtout à des traits momentanés ou locaux, car cela est moins vrai pour la haute comédie et les caractères saillans. Il n'est donc pas étonnant

---

¹ Cyrano lui-même, qui passe à bon droit pour un écrivain fort original, a visiblement emprunté son *Pédant joué* au *Candelaïo* de Giordano Bruno Nolano; et Molière lui avoit déjà l'obligation de ce plaisant personnage qu'il a mis en scène avec plus de goût dans le *Dépit amoureux* et dans le *Mariage forcé*. Au reste, il pourroit bien l'avoir pris à la même source, car il a tiré littéralement du *Candelaïo* la scène burlesque de la leçon de M. Bobinet dans la *Comtesse d'Escarbagnas*.

que beaucoup de poètes aient cru pouvoir s'emparer d'un sujet qui n'avoit plus de charme au théâtre, à défaut de cette vérité de tableau, de cette propriété de mœurs, qu'on n'exige pas moins dans la composition dramatique que l'intérêt de l'action et la régularité du plan. Le poète n'eût-il alors aucune part dans le fond de la conception, et même dans la disposition des scènes, on ne pourroit encore lui contester beaucoup de mérite, s'il y introduit du moins cette partie importante et difficile que son original n'offroit plus au même degré. On peut appliquer ces remarques au spirituel auteur des *Deux Gendres*, dont le prétendu plagiat occupa naguère les oisifs de la capitale. Pourquoi faut-il que le talent ne puisse jamais s'élever chez nous, sans voir éclore à côté de lui d'injustes et cruelles inimitiés? Ce qu'il y a du moins de consolant pour un de nos plus ingénieux écrivains, dans le souvenir de cette persécution, c'est qu'on n'en vit jamais de pareille s'acharner à la médiocrité. Le berceau du génie est comme celui d'Hercule; il est entouré de serpens.[1]

[1] Cette polémique scandaleuse étoit à peine apaisée au moment où je traçois ces lignes pour la première fois; elle est oubliée aujourd'hui de tout le monde : et, quoique dis-

Il y avoit encore plus de franchise dans la cinquième espèce de plagiat innocent, et le voleur y mettoit beaucoup de sa patience et de son industrie. Je veux parler du *Centon*, genre de poésie en mosaïque, enfanté au milieu des caprices d'une littérature en décadence, et qui n'est recommandé par aucun nom classique, car on ne peut donner ce titre à *Falconia* ou *Faltonia Proba* et aux *Capilupi*, et le centon d'Ausone n'est pour ainsi dire qu'une exception dans ses ouvrages. Ce genre consistoit, comme on sait, à composer sur un sujet nouveau un poëme tissu de vers ou de sections de vers empruntés d'un poète ou de plusieurs poètes anciens, et appliqués le plus souvent à des acceptions très étrangères à leur emploi originel. Ce puéril labeur est tombé en désuétude avec les acrostiches et les vers lettrisés; mais le secret ne s'en est pas tout-à-fait perdu, et la plupart de nos poëmes modernes rappellent assez bien les anciens cen-

---

trait par des travaux d'une tout autre espèce où il s'est acquis une réputation non moins légitime, l'auteur des *Deux Gendres* a prouvé dix fois depuis qu'il n'avoit pas besoin de puiser des inspirations dans une vieille comédie de collége pour prendre un rang éminent à la tête de notre littérature. J'ai le bonheur de n'avoir pas plus varié dans mes admirations que dans mes attachemens. (N. N.)

tons, à cela près qu'ils se font annoncer aujourd'hui par un titre moins indiscret, et que le procédé de leur composition n'est plus révélé aux lecteurs.

II.

DE LA CITATION.

De tous les emprunts qu'on peut faire à un auteur, il n'y en a certainement point de plus excusable que la citation, puisqu'il est souvent nécessaire, et particulièrement dans la critique littéraire et dans les sciences. Il y a même quelque modestie qui sied bien à un écrivain d'appuyer sa pensée de quelque autorité étrangère, ou de recourir à l'expression d'un autre, en défiance de la sienne propre; mais c'est un usage qui peut encore dégénérer en abus, et, dans Montaigne lui-même, je n'aime que jusqu'à un certain point ce qu'il appelle *la farcisseure de ses exemples*. On a, de nos jours, trouvé le moyen de vendre au public des ouvrages qui existent en détail dans toutes les bibliothèques, en composant des espèces de *Centons* de prose, où il n'y a rien de neuf que l'agencement. Encore est-il rare qu'on daigne indiquer au lecteur, par un renvoi en chiffres microscopiques, l'écrivain et le lieu d'où ces pièces de rapport sont tirées; et si on le fait de temps en temps, c'est pour se défendre par quelque apparence de bonne foi du soupçon d'un vol continuel qui est cependant très effectif. Je parcours de gros volumes de ce temps, desquels, si l'on vouloit en enlever tout ce qui est la légitime propriété d'autrui, il ne resteroit à l'auteur que la table des chapitres, comme dans les livres de cet Éphore l'historien, où l'on comptoit jusqu'à trois mille lignes copiées de différens écrivains. Du Verdier et La Monnoye présentent à peu près sous le même point de vue un Jean des Caurres, qui n'a pas conservé, que je sache, d'autre recommandation à la célébrité. Il en est ainsi de Jean de Coras, qui est peut-être le même, et que Duarenus appelle κοραξ par allusion à ses vols. Colomiez ne traite pas mieux Politien. Bayle parle d'un certain Victorin Strigelius, qui avoit porté l'indécence du plagiat encore plus loin, et qui étoit assez impudent pour en convenir, en offrant revanche sur ses écrits aux auteurs qu'il avoit dépouillés. Je ne connois Strigelius que par ce trait; mais je doute fort que le marché qu'il proposoit eût convenu à personne, quoiqu'il n'y ait point d'auteur si pitoyable où les plagiaires ne trouvent à prendre. Pour revenir à la citation et à ses abus, en est-il de pire que celui qu'en faisoit le philosophe Chrysippe, qui poussa la manie de grossir ses livres de citations parasites au point qu'il y enferma une fois toute la *Médée* d'Euripide? On ne peut guère comparer à cette singulière extension du droit de citer un auteur, que l'étourderie de Dolet, qui copia, dans ses *Commentaires de la Langue latine*, tout l'ouvrage de Baïf *de Re navali*, en oubliant de le nommer. Cet usage étoit d'ailleurs peu considéré des anciens, et on remarquoit avec éloge qu'Épicure eût écrit trois cents volumes sur différens sujets sans alléguer un seul auteur; ce qui ne signifie point toutefois qu'il n'en ait pas consulté plusieurs, car un écrivain qui trouveroit moyen de remplir trois cents volumes d'idées nouvelles, et même de combinaisons d'idées nouvelles, seroit un génie d'une tout autre portée qu'Épicure. Il ne faudroit pas trois cents lignes spécieuses et entièrement neuves pour détrôner tous les génies de tous les siècles.

III.

DE L'ALLUSION.

L'application ou allusion est une citation spirituelle, et qui donne même quelquefois au passage cité un mérite qu'il n'avoit point dans sa première place. C'est une manière ingénieuse de rapporter à son discours une pensée très connue, de sorte qu'elle diffère de la citation en ce qu'elle n'a pas besoin de s'étayer du nom de l'auteur, qui est familier à tout le monde, et surtout parce que le trait qu'elle emprunte est moins une autorité, comme la citation proprement dite, qu'un appel adroit à la mémoire du lecteur, qu'il transporte dans un autre ordre de choses, analogue toutefois à celui dont il est question. Cette distinction est très facile à éclaircir par un exemple. Quand l'*Intimé* dit :

Mes rides sur mon front ont gravé mes exploits,

il n'y a point dans ce vers de citation proprement dite, mais une allusion que la rencontre des homonymes rend encore plus plaisante. Corneille eut tort d'y voir une secrète intention de dérision et de parodie, puisqu'il est au contraire de la nature de l'allusion de ne s'attacher qu'aux plus beaux passages des auteurs, qui sont présens à l'esprit de tous les lecteurs, sans quoi elle manque son but, qui est dans ce rapprochement d'idées dont je parlois tout à l'heure. Le sel de cette allusion de l'*Intimé* consiste particulièrement à mettre en rapport deux choses aussi éloignées que les travaux d'un huissier et ceux d'un grand capitaine, et la comparaison est d'autant plus comique, qu'elle est plus outrée.

Veut-on un exemple d'une allusion magnifique? on le trouvera dans l'exorde si fameux de l'oraison funèbre de Turenne par Fléchier. Ce n'est pas de Turenne qu'il parle, c'est de Machabée; mais l'âme des auditeurs, promptement frappée d'un rapprochement si naturel et si heureux, sait gré à l'orateur de la nouvelle série de pensées qui se succèdent devant elle. Ce sont les plus grands souvenirs de la religion liés aux plus grands souvenirs de l'histoire, et la pompe même de l'éloquence divine qui se prête à l'éloge d'un guerrier chrétien. Jamais le sens propre, tout admirable qu'il fût d'ailleurs, n'auroit pu atteindre à l'éclat de cette figure.

L'allusion est donc si loin d'être comptée au nombre des plagiats, qu'elle fait au contraire infiniment d'honneur à l'esprit ingénieux qui sait la mettre en œuvre. Une citation proprement dite n'est jamais que la preuve d'une érudition commune et facile; mais une belle allusion est quelquefois le sceau du génie.

IV.

DE LA SIMILITUDE D'IDÉES, DE LA RÉMINISCENCE, DE L'ANALOGIE DE SUJETS.

Il y a une manière de plagiat apparent qui mérite cependant quelques égards, parce que l'imagination conçoit très bien qu'on puisse y être innocemment tombé; je veux dire une similitude d'idées suggérée à deux auteurs divers par un sujet analogue ou tout-à-fait pareil. Ainsi Philippe de Comines ayant à parler essentiellement, suivant la marche de son sujet, de l'ingratitude des grands, et des précautions qu'on doit prendre dans leur service, s'exprime ainsi : « Il se fault bien garder de faire « tant de service à son maistre, qu'on l'em- « pesche d'en trouver la iuste récompense. » En quoi il se rencontre avec Tacite, qui dit : *Beneficia eò usque læta sunt, dùm videntur exsolvi posse; uti multùm antevenire pro gratiâ odium redditur. Lib.* IV, *cap.* 18, *Annal.* Sénèque, dont voici les termes : *Nam qui putat esse turpe non reddere, non vult esse cui reddat. Epist.* 81, *sub fin.* Et Cicéron, qui tient à peu près le même langage : *Qui se non putat satisfacere, amicus esse nullo modo potest. De*

Petition. Consul., cap. 9. Il me semble qu'il n'y a dans cette analogie qu'une parenté de pensées extrêmement naturelle et innocente de tout plagiat. L'analogie des idées est encore plus excusable, s'il est possible, entre deux savans qui traitent concurremment la même matière, et qui sont obligés de remonter aux mêmes sources. Lambin eut donc tort d'accuser Jean-Michel Brutus pour quelque rapport qui s'étoit trouvé dans leurs observations sur Cicéron; et le philologue attaqué répliqua très judicieusement : *Se sumpsisse ab aliis, non verò surripuisse. Sumere enim eum, qui, à quo mutuetur, indicet; et laudet, quem auctorem habeat : surripere verò qui taceat, qui ex alterius industriâ fructum quærat.* [1]

Ménage raconte, ou ses amis pour lui, dans l'excellent *Ana* qui porte son nom, que plusieurs années après la composition d'une épigramme latine dont il étoit fort content, il eut la douleur de la retrouver tout entière dans

---

[1] Voilà une distinction pleine de sens, et qui me paroissoit digne d'être alléguée dans les fameuses affaires de plagiat, qui ont occupé les tribunaux de Paris. Elle y auroit eu d'autant plus de poids sans doute, qu'elle venoit d'un homme accusé lui-même du délit qu'il définit si parfaitement.

les poésies de Muret, qu'il n'avoit, ce me semble, pas encore lues. Cette rencontre est si bizarre, qu'elle en paroît incroyable. J'en ai vu pour ma part quelques unes du même genre, quoique d'un rapport moins absolu, et par conséquent moins étrange. Il ne faut donc condamner qu'avec réserve les écrivains dans lesquels on remarque les choses qui se trouvent ailleurs, et se rappeler la jolie épigramme du chevalier d'Aceilly :

> Dis-je quelque chose assez belle ?
> L'antiquité tout en cervelle
> Prétend l'avoir dite avant moi.
> C'est une plaisante donzelle !
> Que ne venoit-elle après moi ?
> J'aurois dit la chose avant elle.[1]

La réminiscence est un plagiat apparent, de même nature que celui-ci, et qui est pourtant

---

[1] Il paroît que ce reproche avoit été souvent fait à d'Aceilly, et qu'il l'avoit fort à cœur. Il dit ailleurs :

> Si je fais par rencontre une assez bonne pièce,
> L'antiquité me dit d'un ton appesanti
> Que je vais la piller jusqu'au pays de Grèce.
>   Sans le respect de sa vieillesse,
>   Je dirois qu'elle en a menti.

Et encore :

> Je n'ai pas fait une épigramme,
> Que l'antiquité la réclame,

plus coupable, parce qu'on a plus de raisons de s'en défendre. Elle sert, au reste, d'une excuse commode, et qu'on trouve quelquefois suffisante, à des plagiats bien caractérisés. Certainement, quand Racine a dit :

> Et ce même Sénèque, et ce même Burrhus,
> Qui depuis... Rome alors admiroit leurs vertus,

quand ce passage se trouve dans une de ses pièces les plus classiques, et dans une scène que tout le monde sait par cœur, on a peine à justifier Voltaire d'écrire ces vers d'une conformité si ponctuelle :

> Et ce même Biron, ardent, impétueux,
> Qui depuis... mais alors il étoit vertueux.'

Un orateur académique (M. Maury) se servit, il y a quelques années, du même tour ; mais, transporté de la poésie dans la prose, il ne peut être regardé que comme une allusion. On ne

> Et me dit d'une fière voix :
> Mon ami, c'est la vieille gamme,
> Pour celle-là, tu me la dois.
> Elle a menti, la bonne femme,
> Ce n'est pas la première fois.

' Voltaire n'a pas été moins audacieux à l'égard de Sarrazin, auquel il dérobe une belle peinture du cheval dont l'origine première est dans le livre de Job. Sur ce plagiat et quelques autres du même auteur, *voyez* la Note I,

sauroit faire valoir la même excuse en faveur de Lamotte, qui a volé littéralement à Voltaire un de ses vers les plus connus :

Le premier qui fut roi fut un soldat heureux,

ni en faveur de Delille, qui a pris à Saurin ce beau vers de *Blanche et Guiscard* :

Qu'une nuit paroît longue à la douleur qui veille !

On lit dans le poëme de *l'Imagination* cette pensée si heureusement exprimée, sans autre modification que ce qu'il en faut pour la gâter un peu :

Que la nuit paroît longue à la douleur qui veille ! '

J'avoue que j'ai peine à compter de pareilles distractions au nombre des réminiscences tout-à-fait involontaires.

Cependant, s'il n'y a pas un plagiat réel dans

' Sans partager entièrement l'opinion de M. Castil-Blaze, qui appelle Delille un *arrangeur*, je ne puis dissimuler que ce poète se servoit volontiers des idées et même des expressions des autres. On en trouvera la preuve à la NOTE H, qui contient un des exemples les plus remarquables de ce genre de larcin, avec toutes les précautions qui en constituent la criminalité. Ce qu'il y a de pis, c'est que l'auteur du poëme de *l'Imagination* a peu d'avantage dans ce plagiat sur celui du poëme de *la Déclamation*, et ce n'étoit pas la peine de voler Dorat. (N. N.)

les différens genres d'analogie entre deux écrits que je viens de remarquer, il est évident qu'il y en a moins encore quand l'analogie, au lieu de se trouver dans quelques particularités de la composition, est dans le choix même d'un sujet commun. Ceux qui sont empruntés de la religion, de la mythologie, de l'histoire, appartiennent à tout le monde, et il n'y a rien à blâmer dans l'auteur qui en traite un de cette espèce, si la conformité ne s'étend pas au-delà du titre et même d'une certaine disposition générale, qui peut se présenter également à tous les esprits; car il n'y a point de pensée fondamentale qui ne se subdivise d'abord et à peu près de la même manière pour tous les hommes. Il étoit donc souverainement injuste d'aller chercher dans l'*Adamo* d'Andreini, et dans la *Sarcotis* de Masenius, l'original du sublime poëme de Milton. Il y auroit eu quelque rapport entre ces deux pitoyables ouvrages et *le Paradis perdu*, qu'il ne pourroit nullement s'appeler plagiat. L'extraordinaire seroit, au contraire, qu'il n'y en eût aucun, puisqu'il n'est pas arrivé, depuis que l'on écrit, que le même sujet donné ne suggérât pas quelques détails semblables aux auteurs qui le traitoient.

On ne sauroit trop répéter que l'originalité d'idée seroit

Au reste, la gloire de l'épopée est enviée avec tant de fureur par les petits esprits, que la même manœuvre doit se reproduire toutes les fois qu'il paroîtra un autre Milton. Ne s'est-on pas obstiné à chercher, dans la plus brute et la plus ridicule des productions de notre langue maintenant un phénomène incompréhensible, parce que le nombre des idées est nécessairement circonscrit, et que tous les nombres circonscrits finissent par s'épuiser; ce qui est inépuisable, c'est la forme et la combinaison des idées, parce que cette forme et cette combinaison sont illimitées. Aussi l'écrivain le plus hardi dans le choix des idées peut n'exprimer que des choses communes, où le lecteur ne remarque que la bizarrerie d'un esprit malade, tandis qu'un esprit ingénieux peut donner à des pensées mille fois exprimées, quelque chose de nouveau dans l'aspect et dans le tour, qui étonne et qui plaît. Si Walter Scott, qui est d'ailleurs venu si à propos en tout point, passe avec raison pour un des esprits les plus originaux de notre époque, ce n'est certainement pas pour la combinaison romanesque de ses ouvrages, qui est presque toujours assez vulgaire. Son art consiste à exprimer avec vérité des mœurs singulières, à peindre avec charme des sites nouveaux pour nous, à rendre naïvement les impressions et le langage d'un peuple qu'il nous a fait connoître ; mérite exquis et rare, mais que l'on apprécieroit moins, si l'on en savoit le secret, et qui est tout bonnement celui d'un excellent miroir placé dans son jour. Quant à l'invention, quant à la création des idées nouvelles, ce n'est pas là qu'il faut chercher le talent de Walter Scott, non plus que celui de Molière et de La Fontaine. A l'époque où ces admirables esprits ont brillé,

tout informe, le germe de *la Henriade ?* Qu'en est-il résulté ? Que personne n'a pu lire le détestable poëme que Voltaire lui-même n'avoit peut-être pas lu; que les critiques sont oubliées, et que *la Henriade* conserve une place assez honorable au second rang des épopées, quoiqu'elle ne se recommande essentiellement que

depuis long-temps on ne remarquoit rien de nouveau sous le soleil, et Salomon l'avoit déjà dit. Voilà pourquoi ni Molière, ni La Fontaine, ni Walter Scott, ne peuvent être rangés au nombre des plagiaires, quoique personne n'ait marché plus ouvertement dans des voies que mille écrivains antérieurs leur avoient préparées. Cette dernière proposition, bien démontrée pour les deux premiers, est bien facile à démontrer pour le troisième. L'artifice de composition sur lequel repose sa renommée, se réduit à l'emploi de deux ressorts, l'histoire locale et les superstitions locales d'Écosse. Le succès du fameux roman des *Chefs Écossais* de miss Jane Porter a dû lui enseigner le premier. Il a pu trouver le second dans la *Famille de Popoli*, de lady Mary Hamilton, dont la *Maggy Macpherson* est le type de toutes ses sorcières. Dans l'un et dans l'autre, ces moyens trop *poétisés* manquent de cet attrait de vérité, qui a rendu Walter Scott si populaire, parce que ces ouvrages ont été écrits avec un goût moins sûr, un esprit d'observation moins exercé, et moins de tout ce qui constitue l'écrivain inventeur, quoiqu'ils aient eu, pour ainsi dire, l'avantage de la découverte. C'est que, ainsi que nous l'avons dit, l'originalité est dans la forme; qu'on n'invente plus d'idées, qu'on n'en a probablement jamais inventé, et que l'art de les combiner est tout le génie. (N. N.)

par quelque mérite de style; c'est précisément ce qu'on ne peut pas accuser Voltaire d'avoir volé à son devancier.

En général, on est trop facile à porter cette accusation de plagiat, qui est assez flétrissante pour qu'un honnête homme se fasse un devoir de ne la considérer que comme un point de critique, et autant encore qu'elle est appuyée de puissantes probabilités. La plupart de ces allégations n'ont guère résisté à une discussion consciencieuse et éclairée. Combien de fois n'a-t-on pas dit qu'Amyot avoit fait sa traduction des *Vies de Plutarque* sur une traduction italienne d'Alessandro Batista Jacomelli, imprimée à Aquilée en 1482? Ne l'a-t-on pas attribuée souvent à Maumont, savant helléniste, dont on ne connoît cependant qu'une traduction du latin du *Justin*, mais qui vivoit encore quand le *Plutarque* parut, et qui n'avoit certainement aucune raison pour en répudier l'honneur? Enfin, l'abbé Le Bœuf n'assure-t-il pas qu'Amyot, étant évêque d'Auxerre, se faisoit aider dans son travail par un avocat de Tonnerre, nommé Luit, bon grammairien grec? Le nombre même de ces suppositions en démontre suffisamment la fausseté. Le mérite de la traduction d'Amyot consiste beaucoup moins d'ailleurs, comme tout le monde le sait, dans une docte aptitude à rendre le texte avec une grande fidélité grammaticale, qu'à le représenter par un style parfaitement approprié aux sujets, c'est-à-dire avec toute son énergie, toute sa naïveté et toutes ses grâces; or, le français d'Amyot est une propriété qu'on ne lui contestera point, et que Luit et Maumont n'ont pas plus de droit de revendiquer que l'italien Jacomelli sur l'ingénieux translateur de Longus et d'Héliodore. Personne n'ignore que cette accusation fut dirigée tout aussi obstinément contre le savant Pierre Belon, que distinguent pourtant un cachet si ingénu, et un ton de probité si prévenant. M. de Thou avoit donné lieu à cette hypothèse injurieuse, en racontant qu'on pensoit de son temps que la plupart des ouvrages de Pierre Belon avoient été détournés du nombre des manuscrits de Gilles d'Albi dont Belon étoit domestique, et que, quoiqu'il les eût donnés dans la suite au public sous son nom, sans faire mention de Gilles, il ne laissa pas, bien que plagiaire, de se rendre recommandable aux gens de lettres, pour ne les avoir pas supprimés comme plusieurs autres ont fait.

Scévole de Sainte-Marthe, qui s'empara de cette induction dans son éloge de Gilles d'Albi, lui donna toute l'apparence d'une certitude ; et il est vrai de dire que ce mensonge étoit à peine contesté, quand il fut réduit à sa juste valeur dans les *Singularités historiques et littéraires* de D. Liron, t. 1, p. 438 et suiv., dans les *Mémoires* de Nicéron, t. XXIV, p. 40, et dans la *Bibliothéque curieuse* de David Clément, t. III, p. 104. Thomasius, Tollius, Lomeyer, Abercromby, Baillet et Aubert Le Mire n'avoient fait que suivre Sainte-Marthe. L'innocence de Belon résulte cependant de circonstances qui n'ont besoin que d'être énoncées pour convaincre la prévention elle-même. 1°. Il est difficile de penser qu'il ait été domestique de Gilles, puisqu'il avoit, dès l'époque de ses voyages, le titre de docteur en médecine à la Faculté de Paris, qui ne s'est jamais concilié avec aucun service de domesticité, dans la meilleure acception que l'on puisse donner à ce mot. 2°. Belon avoit publié plusieurs de ses ouvrages du vivant de Gilles, qui n'a réclamé la propriété d'aucun, et tous les ouvrages de Belon sont de la même portée et du même caractère. 3°. Gilles est mort à Rome l'an 1555, au moment où Belon achevoit d'imprimer, à Paris, son *Histoire des Oiseaux* et son *Histoire des Poissons*, et on ne comprendroit pas qu'il eût pu, dans le même instant, en voler le manuscrit à l'autre extrémité de l'Europe. Concluons que jamais homme ne fut plus outrageusement et plus injustement calomnié; cette fatalité semble d'ailleurs s'attacher aux naturalistes, et il est évident que les écrivains dont les travaux littéraires et scientifiques se composent d'observations et de faits, doivent être plus sujets que les autres à se rencontrer avec leurs émules. De Thou rapporte, à la fin de son XXXVIII° Livre, qu'on soupçonnoit fort Rondelet d'avoir tiré son *Traité des Poissons* de Commentaires inédits sur Pline, par Guillaume Pellicier, évêque de Montpellier; mais comme ce traité parut du vivant même du prélat, Nicéron ne peut se persuader que le plagiat soit réel. Le fait étoit aisé à vérifier, car les Commentaires de Pellicier se trouvoient dans la bibliothèque des Jésuites de Paris. Voyez *Gall. Christ.*, tome VI, col. 811. Rondelet rapportant d'ailleurs, dans la préface de son ouvrage, presque toutes ses connoissances et tous ses travaux au savant évêque de Montpellier, il est assez disculpé, par le fait, de cette méchante accusation.

Il est impossible de s'occuper de plagiats injustement reprochés sans se rappeler le fâcheux procès de l'Académie contre Furetière, débat déplorable du monopole contre le savoir, qui fut plus déplorable encore par le résultat des prétentions respectives des accusateurs et de l'accusé, puisque l'ouvrage de l'illustre Compagnie n'est pas même parvenu à prendre une place parmi les dictionnaires recommandables, tandis que celui de l'industrieux et patient abbé de Chalivoy sera toujours considéré comme un des précieux monumens de notre langue. Qu'il me soit permis de remarquer à ce sujet que la supériorité incontestable du *Dictionnaire* de Furetière résulte ici du plan même des deux compositions, la première ne pouvant atteindre en aucune manière à l'unité pleine et intense de la seconde, qui a été exécutée par une seule volonté et sous une seule direction. Voilà pourquoi on sent, dans le *Dictionnaire de l'Académie*, je ne sais quelle mollesse et quelle incertitude qui déconcerte et qui rebute l'attention, tandis que l'autre a une allure vive et nerveuse qui l'excite et qui la soutient, et qu'on pourroit, si l'on veut, appeler de l'esprit, s'il étoit possible d'appliquer un pareil éloge à un pareil ouvrage; tant il est vrai que le besoin de cet ordre et de cette harmonie, qui font le charme des plus hautes productions de l'intelligence, se manifeste jusque dans ses travaux les plus obscurs. L'idée de faire écrire un dictionnaire par une commission, est, par exemple, une des bonnes aberrations de notre sage époque. S'il est vrai que l'Académie y ait renoncé, et qu'elle ait remis le soin de cette rédaction à un des écrivains les plus instruits, les plus judicieux, les plus purs et les plus exacts de notre temps, il faut s'en féliciter. Elle pourra nous donner alors un dictionnaire digne de la haute destination de la première de nos sociétés littéraires, et inscrire sur son frontispice, avec quelque confiance, la devise un peu ambitieuse qui la place sous les auspices de l'*immortalité*. Quoi qu'il en soit, le reproche de plagiat adressé à Furetière n'a rien changé, je le répète, à la question de prééminence entre les deux dictionnaires. En général, le public fait grand cas des bons voleurs; et pourquoi, grands dieux, l'Académie ne voloit-elle pas Furetière? C'est un avantage qu'elle laissa aux Jésuites, qui réimprimèrent cet ouvrage, déjà considérablement augmenté en 1701 par Basnage, sans rappeler ni le nom de Furetière, ni celui de Basnage, et qui en firent, dès 1704, ce que l'on appela depuis le *Dictionnaire de Trévoux*, c'est-à-dire un ouvrage devenu, dans les dernières éditions, un des plus immenses et des plus riches vocabulaires qui aient jamais existé et qui existeront jamais, si celui de M. Raynouard ne s'achève point, ou si la déplorable négligence avec laquelle on traite de notre temps la littérature utile laisse ce grand travail dans l'oubli.

Ce qu'il y a de remarquable dans ces questions soulevées tant de fois, c'est qu'elles n'ont pas laissé subsister une prévention injuste, et que le sens exquis d'une dizaine de générations les a toutes réduites à leur juste valeur. Ainsi Belon et Rondelet ont conservé des lecteurs qui ne se sont jamais avisés ni de Gilles d'Albi, ni de Guillaume Pellicier, et on consulte tous les jours le *Dictionnaire de Trévoux*, sans se douter que l'Académie en a disputé les élémens au savant et laborieux Furetière. Il n'en seroit pas de même de certaines hypothèses de ce genre, si quelques découvertes bien authentiques leur donnoient une consistance dont elles ont manqué jusqu'ici, et que des bibliographes réservés ont à peine indiquées à la critique littéraire. Quelle importance n'auroit pas, par exemple, l'éclaircissement de cette singulière note manuscrite de Du Tillot sur les célèbres *Maximes de La Rochefoucauld*. « On prétend, « dit-il, que Corbinelly (*sic*) a eu part à ces

« excellentes réflexions, qu'il les avoit rédigées, « et qu'il avoit donné, du moins à la plupart, « le tour inimitable qu'elles ont. Ce qu'il y a « de certain, c'est qu'il se glorifioit d'avoir eu « une part considérable à ce travail, et qu'il « avoit beaucoup de goût pour cette sorte d'é- « tude; car son grand attrait étoit de tout ré- « duire en maxime, et la plupart de ses manu- « scrits sont des recueils de maximes. » Ce qui confirme ce qu'avance là Du Tillot, c'est que nous apprenons de M. Barbier qu'il existoit, dans la Bibliothèque du Conseil d'État, deux volumes inédits de Corbinelli, dont le titre est : *Tacite réduit en Maximes*.

Je dois convenir sincèrement que j'ai été long-temps disposé à regarder cette hypothèse de Du Tillot comme essentiellement vraie, et que j'étois confirmé dans cette idée par quelque étude que j'ai faite autrefois du style des *Mémoires de La Rochefoucauld*, si différent en tout point de celui de ses *Maximes*. La Rochefoucauld n'est pas un de ces hommes d'*un livre* dont la renommée se concentre dans quelques pages heureusement trouvées; et comme il resteroit encore un des personnages distingués de notre littérature et de notre histoire, quand il n'auroit pas fait les *Maximes*; comme, suivant d'ingénieux moralistes de notre temps qui ont eu le bonheur ou l'indulgence de considérer la société sous des rapports plus favorables que lui, il vaudroit peut-être mieux qu'il ne les eût pas faites, j'aurois vu peu d'inconvéniens à le dépouiller de ce rayon de son auréole pour en parer le front de Corbinelli, et justifier ainsi, du moins par quelque chef-d'œuvre, l'estime sans bornes que faisoient de cet écrivain qui a vécu si long-temps, et qui a laissé si peu de choses, madame de Sévigné, Bussy Rabutin, et M. de La Rochefoucauld lui-même. Ainsi s'expliquoit la différence incroyable qui se remarque entre le style des *Mémoires*, clair, poli, naturel, quelquefois même assez ferme, mais particulièrement remarquable par la négligence et l'abandon d'un homme trop peu accoutumé à réfléchir sur l'art d'écrire, pour savoir être précis, et le style des *Maximes*, si énergiquement rapide, si éloquemment concis, et dans lequel on reprendroit plutôt quelquefois une obscurité affectée, qu'une abondance trop élégante. Un exemplaire de la seconde édition des *Maximes*, qui est tombé depuis entre mes mains, et qui contenoit des maximes ajoutées, d'une écriture très analogue à celle de Corbinelli, m'avoit confirmé dans ce doute; mais il est vrai de dire que, pour quelques présomptions que ce système peut faire valoir, il y a nombre d'excellentes raisons à lui opposer. Malheureusement pour sa réputation, Corbinelli a fait des maximes et des extraits, ou plutôt il n'a fait que cela, et on ne trouve rien dans la plus brillante de ses pages qui rappelle le nerf et le génie de son patron. Il faudroit d'ailleurs supposer que Corbinelli, qui est mort en 1716, longtemps après le duc de La Rochefoucauld, et à un âge tellement avancé, qu'il pouvoit se considérer en quelque sorte comme faisant partie de la postérité, relativement au siècle où il avoit vécu, puisque les *Maximes de La Rochefoucauld* étoient depuis plus de cinquante ans sous les yeux des hommes, se seroit prescrit dans ses dernières années une retenue que son caractère connu ne rend guère probable, et que démentent les paroles rapportées par Du Tillot, qu'*il avoit eu une part considérable à ce travail.* Or, il n'est pas un lecteur des *Maximes* qui ne comprenne fort bien qu'on ne sauroit avoir une part considérable à ce travail, et que quiconque l'a fait, l'a fait tout entier. Corbinelli ne l'ayant jamais réclamé tout entier, même à l'époque où il pouvoit le faire sans blesser ni l'amour-propre de l'auteur, ni la sensibilité de ses amis, il est évident qu'il ne s'en est pas mêlé. Ce prétendu plagiat est donc une de ces conjectures de l'imagination ou de ces fables de la calomnie, qui attendent, pour être converties en documens aux yeux de la critique, des preuves plus évidentes que la lumière. Et de même, un Banduri ne sera point dépouillé de ses ouvrages en faveur de L. Fr. Jos. de la Barre, tant que l'assertion hasardée dans l'*Esprit des Journaux* de janvier 1759, p. 210, n'aura point été justifiée par de meilleures preuves; on laissera à l'abbé Sabatier le peu de gloire qui peut résulter pour lui de la composition des *Trois Siècles littéraires*, sans en revêtir un ecclésiastique inconnu; on ne contestera plus à Toussaint la propriété de ce livre *des Mœurs*, que la persécution sauva de l'obscurité; et si je m'en tiens à ces exemples, c'est que je me ferois moi-même scrupule de renouveler de pareils soupçons, surtout à l'égard de nombre d'auteurs vivans qui n'en ont pas été plus exempts que les morts.

V.

DU PLAGIAT.

Définissons donc le plagiat proprement dit, l'action de tirer d'un auteur (particulièrement moderne et national, ce qui aggrave le délit) le fond d'un ouvrage d'invention, le développement d'une notion nouvelle ou encore mal connue, le tour d'une ou de plusieurs pensées ; car il y a telle pensée qui peut gagner à un tour nouveau; telle notion établie qu'un développement plus heureux peut éclaircir; tel ouvrage dont le fond peut être amélioré par la forme; et il seroit injuste de qualifier de plagiat ce qui ne seroit qu'une extension ou un amendement utile. Par exemple, l'*Encyclopédie* de Chambers a donné l'idée de celle de Diderot et de d'Alembert ; mais cette dernière n'est point un plagiat, puisqu'elle a fait sortir de ce sujet, à peine effleuré, des développemens immenses, que l'auteur original n'avoit pas même prévus. L'*Encyclopédie* de Panckoucke est encore moins exposée à ce reproche, puisqu'elle joint au même avantage celui de changer très utilement la forme primitive, en substituant l'ordre philosophique à l'ordre de l'alphabet. Cette espèce de livres est cependant celle où le plagiat s'introduit le plus facilement, puisqu'il y est question d'exposer des notions déjà reçues, et très bien exprimées dans les auteurs qui les ont exprimées pour la première fois. Les dictionnaires sont en général des plagiats par ordre alphabétique, et où toute la partie positive, je veux dire celle des définitions, des dates et des faits, passe nécessairement du dernier venu à son successeur; et comme cette partie est la seule qui exige une industrie vraiment laborieuse, la partie hypothétique et rationnelle dépendant du caprice de chaque écrivain en particulier, elle est sans doute la seule aussi qui devroit occuper le jugement du public, dans une contestation entre lexicographes; mais le public a peu d'égards au travail assidu d'un utile compilateur, et se laisse charmer par un tour élégant et nouveau, qui n'a d'autre mérite réel que d'habiller à la moderne des richesses anciennement explorées. Ce sentiment étoit si bien reçu parmi les vieux auteurs de lexiques et de biographies, que Bayle n'avoit d'abord entrepris son *Dictionnaire* que comme une critique de Moréri, tant il étoit plus honorable, en ce temps, de discuter de livre à livre avec un écrivain médiocre, que de ruiner son entreprise par une spéculation mercantile. Quant à Scapula, il n'est personne qui ne sache que le mépris public accabla son nom, dès qu'on put présumer qu'il avoit profité des savantes notes d'Étienne pour composer son fameux Vocabulaire; et ce qu'il y a peut-être d'unique dans cet exemple, c'est que l'ouvrage nous est parvenu avec assez d'estime, sans réhabiliter le nom de l'auteur. Ce second Dolet, qu'on peut soupçonner moins que personne d'avoir été obligé de recourir au travail des autres sous peine d'ignorance et de stérilité, fut condamné par l'opinion générale pour avoir étendu en deux volumes le mince in-folio de ses *Commentaires de la Langue latine*, aux dépens de Nizolius et de Charles Étienne; et ce qu'il y a de remarquable, c'est que ce plagiat fut allégué contre lui par ses ennemis comme une preuve d'impéritie et d'impuissance. Le livre de Dolet étoit cependant un ouvrage de la plus haute importance, et qui ne pouvoit souffrir aucune comparaison avec ceux de ses rivaux. C'étoit d'ailleurs, et bien spécialement, une de ces compilations où il est presque impossible de ne pas faire usage quelquefois des idées des autres, un de ces recueils de définitions consacrées et de critiques verbales qui appartiennent en quelque sorte à tous les écrivains du même genre, en quoi il différoit fort à son avantage des dictionnaires raisonnés. Au total, c'est une question toute particulière de savoir s'il est permis à l'éditeur d'un ouvrage quelconque de s'enrichir des travaux d'un émule, dont il détruit du même coup la propriété, fût-ce à l'avantage des sciences; question, dis-je, qui me semble moins du ressort de la critique littéraire que de celui de la conscience morale.

Pour en revenir au plagiat, sous son point de vue le plus incontestable, je n'en sais guère de plus manifestes que ceux qu'ont subis nos excellens auteurs du seizième siècle; car, sans parler de Rabelais, dont les bizarres folies ont fourni tant de scènes piquantes à Racine et à Molière, tant de contes ingénieux à La Fontaine et à ses imitateurs, et finalement une contre-épreuve si foible et si peu originale à l'auteur du *Compère Matthieu ;* sans parler de Marot, dont le style a fondé un genre, et qu'on n'a souvent imité passablement qu'aux dépens de ses hémistiches, je vois un Loys Regius, dit le Roi, dont le singulier *Traité des Vicissitudes des Sciences* a peut-être fourni à Bacon son beau livre *de Augmentis scientiarum,* presque entièrement conforme dans l'intention et dans le plan, et à Brerewood son *Essai sur la diversité des Religions et des Langues ;* observation que je soumets aux curieux de la littérature intermédiaire, et qui me paroît mériter tous leurs soins. Mais il n'est certainement pas d'écrivain à qui on ait ravi de plus précieux lambeaux que ce même Montaigne qui s'est du moins vêtu de ceux des autres d'une manière ostensible et publique. Charron ne fait pas difficulté, comme on le verra dans les preuves que je joins à ces recherches plus curieuses qu'importantes (Note J), de copier textuellement ses passages les plus magnifiques, et à l'aventure ceux que Montaigne copie de Sénèque ou de tel autre, liberté qui me semble tant soit peu hasardée dans ce sage théologal de Bordeaux, d'ailleurs si hardiment sincère. Lamothe-le-Vayer, La Bruyère, Saint-Evremont, Fontenelle, Bayle et Voltaire ne sont guère plus délicats, et aucun d'eux pourtant n'approche de Pascal dans l'audace de ce larcin. Je n'en ai recueilli, dans les pièces vers lesquelles je renvoie, que sept à huit exemples, presque tous pris d'un même chapitre (Note K); mais quiconque lira les *Essais* et les *Pensées* avec une attention scrupuleuse, en trouvera une foule que je n'ai eu ni le loisir ni la faculté de rassembler. Il seroit naturel de conjecturer d'abord à quiconque vénère comme moi la réputation de Pascal, et ne peut cependant fermer les yeux sur cette singulière quantité de traits ingénieux, touchans ou sublimes qu'il n'a fait qu'extraire des philosophes et des Pères de l'Église, de Montaigne ou de Charron, et dont presque tout le livre des *Pensées* se compose ; il seroit, dis-je, naturel de conjecturer que ce livre ne fut réellement qu'un recueil de notes informes, dont les unes devoient être employées comme autorité, et dont les autres devoient subir une réfutation complète. On est même d'autant plus porté à le croire, au premier aspect, que l'histoire bibliographique ne nous donne guère ce livre pour autre chose, puisqu'elle constate qu'il fut formé de papiers rapportés, et sans autre ordre que celui qu'il plut aux éditeurs d'y introduire. Les raisonnemens presque invincibles que Pascal y fait valoir pour l'incrédulité en seroient un autre témoignage auquel je ne pourrois me refuser d'accorder un plein crédit, si je ne voyois que les premiers écrivains de la nation se sont réunis, depuis le temps de Pascal jusqu'au nôtre, à considérer les *Pensées* comme le principal titre de sa gloire. En effet, si vous ôtez à Pascal les remarques admirables et profondes dont ce livre est formé, il lui restera encore la réputation d'un des plus savans géomètres de son siècle; celle du dialecticien le plus habile, du raisonneur le plus pressant, de l'écrivain le plus ingénieusement plaisant, le plus brillant et le plus pur qui eût paru en France jusqu'à lui ; mais je chercherai inutilement dans ce qui lui restera de son ouvrage posthume, ce prodigieux génie qui devoit jeter tant de lumières sur la religion, que si Dieu l'a retiré du monde, à en croire un célèbre auteur de notre temps, c'étoit afin que tous les mystères n'en fussent pas éclaircis. Parmi les *Pensées*, il y en a bien quelques unes qui appartiennent en propre à Pascal, et on les reconnoît à je ne sais quel tour d'une mélancolie, non pas philosophique ni chrétienne, mais superstitieuse, morose et comme illuminée, qui trahit l'état où le plongeoit sa maladie. L'allure de cette tristesse rêveuse et désespérée n'a rien de bien difficile à saisir, et je lis des écrivains à la mode qui n'y réussissent pas moins bien que Pascal ; mais ces élans d'une âme forte, ces traits grands et inattendus dont on a dit qu'*ils tenoient plus du dieu que de l'homme*, il faut convenir que c'est Timée de Locres (Note L), saint Augustin, Charron, et spécialement Montaigne, qui les ont fournis. Conclura-t-on de là que certains enthousiastes n'ont pas lu Montaigne, ou qu'ils se font un plaisir de sacrifier la gloire d'un sceptique à celle d'un janséniste ?

Toutes réflexions faites, je me crois obligé

de reconnoître que le plagiat de Pascal est le plus évident peut-être et le plus *manifestement intentionnel* dont les fastes de la littérature offrent l'exemple. D'abord c'est un livre de *Pensées* jetées au hasard, comme le dit Pascal lui-même, et sans aucune espèce d'ordre; de manière que le mérite de l'ordre et de la conception générale en étant soustrait, on n'y peut chercher que l'essence de chaque pensée prise en particulier, et le tour qui la fait valoir. Chaque pensée qui se retrouve ailleurs dans l'essence et dans le tour est donc un plagiat très condamnable. Secondement, je le trouve aggravé par la précaution que prend l'écrivain d'y modifier quelque chose, soit dans l'antiquité de l'expression, soit dans sa hardiesse, soit dans le rapport des membres de la phrase entre eux, un peu moins, ce me semble, pour rendre l'idée plus claire et plus propre à son sujet que pour l'approprier à son style, et l'encadrer sans disparate dans la contexture de ses écrits. Enfin, après avoir fait ces observations dans le détail, ne se trouve-t-on pas aigri du ton tranchant et superbement dédaigneux dont Pascal se sert à l'égard de Montaigne; comme si, non content de s'enrichir de ses écrits, il vouloit les perdre de considération dans l'estime des hommes, pour hériter seul de leur gloire? Je le répète : Pascal a plus qu'il ne faut de sa réputation littéraire pour balancer toutes les réputations anciennes et modernes; mais la raison voudroit peut-être qu'on s'en tînt là, et qu'on ne s'obstinât pas à le compter parmi les plus solides appuis de la religion et de la morale, à moins qu'on n'y comprît aussi Aphtone, Publius Syrus, Érasme, et tel autre compilateur d'apophthegmes qui n'ont été que les rhapsodes de la philosophie et de la sagesse antiques.

Les *Voyages de Cyrus*, de Ramsay, sont une froide imitation de *Télémaque*, et non pas un plagiat proprement dit; mais si, dans ces *Voyages*, Ramsay copie littéralement et sans les citer, tantôt Fénelon lui-même, tantôt un vieux philosophe anglais, tantôt Bossuet, à qui il dérobe toute sa belle description d'Égypte, voilà, dit M. de Voltaire, un plagiat dans toutes les formes. On prétend que Ramsay s'en excusoit, non par la réminiscence, mais par la conformité d'idées. C'étoit une rencontre très honorable pour Ramsay, qui n'en a pas eu souvent d'aussi heureuses.

Voltaire, dont je parlois, s'est plaint souvent des plagiaires; et l'immensité de ses ouvrages leur offroit une mine si abondante, qu'il n'est pas étonnant qu'ils y aient indiscrètement puisé. Le plus audacieux, selon lui, est un père Barre, auteur d'une *Histoire d'Allemagne*, en dix volumes, où il a inséré plus de deux cents pages de l'*Histoire de Charles XII*. Rousseau a dirigé la même accusation contre Mably, dont les ouvrages ne lui paroissent qu'une redite perpétuelle de ses systèmes philosophiques et politiques. Il y a certainement quelque chose de vrai dans ce reproche; mais il est évident que Mably ne s'est pas emparé du style de Rousseau, et qu'il s'en est fait un que personne ne lui conteste. Puisque j'en suis à ces grandes lumières du dix-huitième siècle, ajouterai-je que le fameux abbé Raynal n'est, suivant toute apparence, qu'un véritable plagiaire qui s'est édifié une réputation au prix du désintéressement de Diderot et des travaux de Pechméja? Celui-ci, livré à la dépendance par la misère, rédigeoit, selon quelques uns, sous la dictée de Raynal, et selon quelques autres, sous celle de sa propre inspiration, l'*Histoire des Établissemens des Européens dans les deux Indes*, où le bouillant Diderot intercaloit de temps en temps quelques unes de ces pages brûlantes auxquelles il est facile de le reconnoître[1]. Pechméja mou-

[1] Cette hypothèse ne s'accorde pas toutefois avec ce mot

rut jeune, et emporta son secret; mais Raynal eut le malheur de vieillir, et la nullité du reste de sa vie laissa deviner le sien.

J'ose espérer que personne ne supposera que j'aie eu l'intention d'épuiser dans ce chapitre tout ce qui peut avoir rapport au plagiat et aux plagiaires. Mon projet a été seulement de fixer l'attention du lecteur sur quelques uns des aspects les plus curieux de cette question, et non pas de dérober à mes successeurs en ce genre d'études, les faits innombrables dont il me seroit facile de m'enrichir encore. Les livres de Crenius, de Jansson d'Almeloveen, de Sallier, ne sont pas comptés parmi les ouvrages rares, et je serois à portée de les consulter au moment où j'écris, que j'aimerois mieux y renvoyer les amateurs de ces recherches qui intéressent vivement quelques personnes, mais qui seroient très fastidieuses pour le grand nombre :

Le secret d'ennuyer est celui de tout dire.

connu d'une dame célèbre : « L'abbé Raynal sait trop ce « qu'il écrit; quand on le questionne, il répond comme son « livre. »

VI.

DU VOL LITTÉRAIRE.

Tout condamnable qu'est déjà selon moi ce genre de plagiat, j'en vois un pour qui le nom de plagiat me sembleroit encore trop honorable, et qu'on ne peut guère qualifier que de vol. Je ne doute pas qu'il n'ait été fort commun, surtout à la renaissance des lettres, où une foule d'écrits précieux de l'antiquité ont pu se trouver à la disposition de quelques faux savans, aussi dénués de pudeur que de talens propres; mais les précautions qu'on a dû prendre pour cacher une action aussi basse nous en ont dérobé la trace presque partout où l'on soupçonne qu'elle a été commise; et s'il en reste par-ci par-là quelque vestige, il faut avouer qu'ils ne sont pas de nature à légitimer une accusation de cette importance. Avant que l'illustre Pithou publiât le recueil de Phèdre, et rendît à la lumière un des plus beaux monumens de l'urbanité latine, l'opinion commune accusoit Faerne d'avoir détruit son exemplaire de ce fabuliste, après lui avoir dérobé les plus beaux traits de ses ouvrages. Il est cependant évident qu'ils ne se sont rencontrés que dans le sujet de quelques fables, et dans un petit nombre de détails ; et l'on peut présumer que Faerne ne s'en seroit pas tenu là, s'il avoit été capable du larcin dont on l'accuse. J'ai mémoire d'avoir lu dans un commentateur de Cicéron, qui pourroit bien être le savant Manuce, que le fameux Traité *de Gloriâ* s'étoit retrouvé quelques années auparavant, mais que l'homme entre les mains duquel il étoit tombé l'avoit fait imprimer sous son nom, en changeant seulement le titre. Le vague dans lequel je suis obligé de laisser jusqu'au nom de cet ouvrage¹, démontre assez bien le peu de considération dont il jouit dans la république des lettres, et conséquem-

¹ Il est probable que j'étois mal servi par ma mémoire quand je racontois cette anecdote dans la première édition de cet ouvrage, et loin, comme on l'a vu ailleurs, de toute espèce de secours littéraire. Voici ce qu'en dit Du Verdier, *Préface de sa Bibliothèque* : « Mesme de nostre temps à peu
« près, s'est trouué vn Pierre Alcyon Florentin, qui ayant
« soustrait d'vne antique librairie ce docte liure de Cicéron
« *De son Exil*, en feit vn autre semblable à sa fantaisie,
« piglant de Cicéron de çà et de là ce que bon lui sembla,
« et liant cest amas de quelque chose du sien : et pour
« s'acquester le nom de Docte, publia ce sien liure, ou
« plutost ceste chimère, abolissant ce tant bel teuure de
« Cicéron pour nous rendre l'eschange de Diomèdes. »
« Ce fait, dit La Monnoye, est mal rapporté. Cicéron, au retour de son exil, prononça deux oraisons qui nous

ment l'erreur dont il a été l'objet ; car il n'est pas présumable qu'un livre de cette portée, et, suivant toute apparence, un des chefs-d'œuvre du premier des prosateurs anciens, fût resté totalement inconnu, sous quelque nom qu'il eût été publié. Il est vrai qu'on établissoit la conjecture dont je parle sur le mérite du style, qui paroissoit tout-à-fait *cicéronien*. Mais ce mérite, qui consistoit à affecter certains tours et même certains défauts particuliers à Cicéron, comme la *laxité* un peu diffuse de sa phrase, l'emploi souvent surabondant de l'adverbe, et la recherche souvent affectée des locutions antiques, n'avoit rien de si rare qu'on fût obligé de recourir à l'accusation de plagiat pour l'expliquer. Manuce même excelloit en ce genre d'imitation, et l'on a vu dans le même temps quelques enthousiastes de l'orateur romain porter la fureur de cette docte servitude au point de ne pas souffrir dans leurs écrits, non seule-

restent, l'une *ad Quirites*, l'autre *ad Senatum* ; mais il ne se retrouve pas qu'il ait écrit aucune relation *de Exilio suo*. Aussi n'est-ce pas d'un tel ouvrage, mais de celui *de Gloriâ*, qu'Alcyonius, plusieurs années après sa mort, fut, sur quelques conjectures, soupçonné d'avoir tiré le plus beaux endroits de ses deux dialogues *de Exilio.* »

Voyez le *Menagiana*, pages 164 et 165, tome III, et Nicéron, tome VI. (N. N.)

ment un mot, mais une construction dont Cicéron n'eût donné l'exemple; on l'a dit du moins de Bellenden et de Thomaeus.

L'impudence de ce plagiat que je viens de définir en termes tout-à-fait macédoniens, sous le nom de vol, a été poussée quelquefois assez loin pour attirer les regards de la justice. Le bon Jehan de Nostredame, frère du fameux Nostradamus, et auteur d'une jolie *Histoire des plus célèbres et anciens Poetes Provensaux*, raconte d'après Le Monge, ou le Moine des isles d'Or, qu'Albertet de Sisteron, congédié de sa dame, mourut de douleur à Tharascon, « et « qu'il bailla ses chansons à vn sien amy et « famillier, nommé *Peyre de Valieras* ou « *de Valernas*, pour en faire vn present à la « marquise (de Mallespine), et qu'au lieu de « ce faire, il les vendit à Fabre d'Vzes, poëte « lirique, se faisant ouïr qu'il les avoit dictées « et composées; mais ayant esté recogneus par « plusieurs sçavants hommes, au rapport qu'en « feist ledict de Valieras, le Fabre d'Vzes feut « pris et fustigué pour auoir iniustement vsurpé « le labeur et œuures de ce poëte tant renom- « mé, suyuant la loy des empereurs. » Cette loi des empereurs est grandement tombée en désuétude.

M. Renouard rapporte à ce sujet, dans son curieux *Catalogue de la Bibliothèque d'un Amateur*, l'histoire fort piquante d'une semblable déception. C'est au tome II, page 55, à propos des *Développemens historiques de l'intelligence et du goût*, par M. Édouard Landié, ouvrage d'un mérite éminent, suivant M. Renouard, et que ce savant ne craint pas d'attribuer à d'Aguesseau. « Ayant acquis le droit, dit-
« il, de réimprimer ce livre, qui me sembla
« l'ouvrage défiguré d'un homme supérieur, je
« le revis avec un soin extrême, et je m'appli-
« quai surtout à le rétablir dans l'état où je
« pouvois supposer que son auteur l'avoit pri-
« mitivement écrit. Ce fut un travail aussi in-
« grat que difficile : nulles données, aucun
« secours, un manuscrit encore plus fautif que
« l'édition première de 1813, dans laquelle
« l'imprimeur avoit déjà corrigé plus d'une sot-
« tise, telle que les *Médecins* pour les *Médicis*,
« enfin tout à deviner. Rétablir la ponctuation,
« couper des phrases, des alinéa, en reformer
« d'autres, fut le moindre travail : il fallut re-
« créer un sens à des passages qui avoient perdu
« toute signification, découvrir quel mot un
« copiste inepte avoit remplacé par une absur-
« dité, retrouver *ce poète* au lieu de *Capone*,

« *marche* pour *morale*, *maximes* pour *ma-*
« *nières*, *obscurité* pour *sécurité*, *complices*
« pour *comptées*, *scrupules* pour *sophiste*,
« *peuples* pour *préceptes*, *sectes* pour *siècles*,
« *tête* pour *lettre*, *noblesse* pour *mollesse*,
« *lèvres* pour *livres*, *Nevers* pour *Nemours*, et
« mille autres rectifications de mots, de demi-
« phrases plus difficiles encore. Mal me prit de
« tout ce travail. M. Landié, que ces correc-
« tions sauvoient du ridicule auquel le livroit
« sa première et fastueuse édition, et qui les
« avoit presque toutes approuvées, en devint
« tout d'un coup si mécontent qu'il ne trouva
« rien de mieux que de m'intenter un procès
« en falsification; burlesque procès, plus ridicule
« encore que ses bévues imprimées, et dont
« l'issue fut ce qu'elle devoit être, un jugement
« qui débouta cet auteur, vrai ou supposé, de
« toutes ses demandes et prétentions.

« Si ce procès fut ridicule, la manière dont
« m'avoit été présenté l'ouvrage, et ce qui se
« passa lorsque je le publiai, le fut bien plus
« encore. A sa première entrevue, cet *auteur*
« me dit : *Je ferez avec vous le pari le plus*
« *hypothétique que mon livre ira à la huitième*
« *édition ; d'ailleurs*, *Monsieur* (un ami qui
« l'avoit accompagné) *pourra vous dire tacite-*

« ment ce qu'il pense de cet ouvrage. Dans la
« petite correspondance à laquelle donna lieu
« cette affaire, et dans d'autres notes, aussi de
« la main de M. Landié, je lus *honze heures*,
« *aurateur, mi conformer, de arthé amandi*, etc.
« Quand mon édition parut, il vint me témoi-
« gner son indignation des corrections et des
« changemens pour lesquels, six semaines plus
« tôt, il s'étoit confondu en remercîmens. *Je*
« *viens me plaindre des ajoutations que vous*
« *avez faites à mon ouvrage ; il y a des cen-*
« *taines d'ajoutés qui répugne à la lecture*. Et
« ce curieux discours ne fut pas plus en tête-à-tête
« que ne l'avoit été la première entrevue. Que
« ce langage, le style et l'orthographe des notes
« et billets soient inadvertances pures, et que
« celui à qui elles ont échappé ait pu, à vingt-
« cinq ans, avec plusieurs années de service
« militaire, avoir composé un livre, souvent
« inégal il est vrai, dont plusieurs pages sont
« négligées ou sentent l'affectation, mais qui
« décèle un talent supérieur, un esprit fin et
« judicieux, des études vraiment classiques,
« croie à ce miracle qui voudra : pour moi,
« je n'ai pas reçu la grâce d'une foi si robuste. »

C'est une accusation bien ignominieuse que
celle du plagiat caractérisé à ce point, et les

dames y ont été souvent exposées, car les critiques ne se piquent pas de galanterie. Il n'en est guère qui aient écrit sans qu'on supposât qu'une Muse amie avoit daigné seconder la leur; et il est bien difficile de répondre à cette espèce de calomnie, à moins qu'on n'ait le privilége de vivre plus long-temps que ceux à qui on voit ses ouvrages attribués, et qu'on ne tire meilleur parti de ses vieilles années que la veuve de Colletet, pour qui *les oracles cessèrent quand Colletet fut trépassé.* Il ne s'agit que de *desserrer volume sur volume*, pour détromper l'opinion, si elle n'a pas la malice de chercher où se prendre ailleurs, et d'alléguer des enfans posthumes, comme le Crispin du *Légataire*.

Madame Deshoulières n'a pas été à l'abri de ce soupçon. Presque toutes ses poésies ont été attribuées à Hénault, quoiqu'il soit bien difficile de penser que l'auteur de l'ambitieux sonnet de l'*Avorton* ait pu s'élever au simple langage de la nature, et l'on croit avoir retrouvé dans Coutel les traits les plus délicats de la jolie idylle des *Moutons*. Deshoulières a produit au reste beaucoup de pièces de vers qui ne le cèdent pas à celle-là en grâce et en sentiment.

VII.

DE LA CESSION D'OUVRAGES.

Il paroît qu'il n'étoit pas plus rare chez les Romains que chez nous, de s'attribuer des vers dont on n'étoit pas l'auteur; et le célèbre *Sic vos non vobis* de Virgile en rappelle un exemple assez connu ; mais il ne paroît pas que personne y ait eu l'audace de laisser courir sous son nom des poëmes entiers qui appartenoient à d'autres ; car il seroit souverainement injuste de flétrir d'une accusation aussi odieuse la mémoire de Térence. Je ne suis pas aussi porté à le croire étranger à la composition de ses comédies que Montaigne, à qui on auroit *fait desplaisir de le desloger de cette créance*, quoique je comprenne bien toutefois qu'un personnage qui est obligé de conserver la gravité nécessaire aux premières fonctions de l'État, cherche à déguiser les sacrifices qu'il fait en secret à la plus badine des Muses, puisque les convenances ordinaires de la société peuvent exiger cette retenue, comme on le voit par l'exemple de madame de La Fayette, qui crut devoir cacher, sous le nom de Segrais, ses charmantes compositions. Mais dans le cas même où Scipion et Lélius seroient les véritables auteurs des pièces de Térence, on ne sauroit reprocher à celui-ci qu'une complaisance extrême, et qui n'auroit pas été, peut-être, entièrement exempte de vanité. Au reste, je conçois difficilement qu'on se dépouille de gaîté de cœur d'une réputation flatteuse pour en laisser l'avantage à un homme indifférent; et si je consens à croire ce que disent quelques historiens, que Lelius ait rapporté tous les avantages de sa fortune à l'accroissement de la gloire de Scipion, je n'admettrai pas si aisément que l'un et l'autre se soient volontairement démis des avantages de leur esprit, pour la gloire de Térence. J'ai même quelque peine à penser qu'un sacrifice de cette force n'outre-passe pas un peu celle de l'amitié. C'est une affection vraiment paternelle que celle qu'un auteur porte à ses écrits, et il lui est bien difficile de s'en départir, à quelque prix qu'on en mette l'abnégation. On sait qu'elle coûta l'évêché à Héliodore; et si le vœu du conclave eût couronné Piccolomini dans un âge plus tendre, je suis porté à croire qu'il l'auroit mise à plus haut prix que la papauté. Colletet céda, en effet, le foible succès de quelques uns de ses vers, mais c'étoit à sa maîtresse, et cette passion est plus libérale que nos autres sentimens. Aussi ne soupçonné-je point Mainet d'avoir profité de la générosité de Théophile, pour s'élever au rang de poète tragique, et encore moins d'avoir abusé de sa confiance et usurpé son héritage, comme on l'a légèrement avancé. C'étoit le goût des lettres qui avoit commencé leur amitié; et, sans avoir fait de nombreuses preuves à cette époque, Mairet s'étoit déjà montré capable du peu de scènes passables qui ont conservé quelque réputation à sa *Sophonisbe*. Il ne faut d'ailleurs qu'une foible habitude de distinguer le style des différens auteurs par ses qualités essentielles, pour discerner celui de Théophile de celui de Mairet ; également vicieux dans l'abus des figures outrées et des *concetti* ridicules du temps, ils s'éloignent par deux caractères infiniment saillans, et qui ne peuvent jamais se confondre. Théophile, audacieux, tendu, boursouflé, atteint quelquefois par hasard à une véritable chaleur; mais il manque du jugement qui règle les plans, qui ordonne les scènes, et qui met les caractères dans leur véritable jour. Cette dernière partie est la seule qu'on puisse reconnoître dans Mairet, créateur habile, judicieux et pur de notre scène classique, mais dont la verve sans nerf n'a pas produit sur vingt-quatre mille vers une tirade vigoureuse.

Je souhaite que les partisans de Crébillon trouvent d'aussi bonnes raisons pour le justifier du reproche de n'avoir été que le secrétaire d'un Chartreux. Sa dernière tragédie est en effet si inférieure aux autres [1], qu'elle semble déceler la mort du génie protecteur qui les avoit inspirées; mais puisqu'il seroit injuste de tirer contre Pierre Corneille la même conséquence du même argument, on n'est guère autorisé à le faire valoir contre un de ses héritiers. Quant à Dancourt, peintre cynique, mais fidèle, des plus vils déréglemens où une nation ait jamais croupi, c'est sans fondement suffisant qu'on l'a accusé de dérober tout ce qu'il produisoit aux jeunes auteurs qui venoient lui recommander leurs ouvrages, à moins qu'on ne suppose en même temps que toutes les Muses contemporaines avoient adopté le même genre de composition. Il n'y a pas une seule de ses comédies qui n'offre les mêmes défectuosités et les mêmes agrémens : absence totale de plan, mauvais choix de mœurs, effronterie de pen-

---

[1] C'est *Catilina*, dont on a retenu ces trois singuliers vers :

    Il est vrai qu'autrefois plus jeune, plus sensible,
    Je dois vous l'avouer, je formai le dessein
    De vous plonger à tous un poignard dans le sein.

sées et d'expressions d'une part ; et de l'autre, vivacité de dialogue, vérité de caractères, vigueur de peintures, sel âcre plutôt qu'attique, et plus convenable aux emportemens effrénés de la satire qu'à la censure décente et sensée qui devroit caractériser Thalie. Il est impossible qu'une foule d'écrivains se soient rencontrés, comme on le suppose, dans cette forme particulière de comédie ; et comme la comédie de Dancourt est presque tout entière dans la forme, je le crois bien lavé de cette accusation. Au reste, l'effet qui en résulteroit ne pourroit jamais nuire à sa réputation dans le vrai sens de ce mot ; car la réputation réside dans l'opinion du public pris généralement, et non dans la conscience intime de quelques hommes qui s'occupent des plus minces détails de l'histoire littéraire ; le plagiat le mieux démontré ne détruiroit point l'idée générale que l'habitude et le temps ont consacrée. La foule va applaudir tous les jours aux traits de parfait comique de l'*Avocat Patelin*, dont tout le succès retombe sur Brueys, qui n'a fait cependant que copier assez fidèlement une farce très ancienne ; et pour prendre mes exemples dans un ordre de littérature très relevé, ne voit-on pas que la franchise loyale avec laquelle M. de

Buffon a reconnu que M. Gueneau de Montbelliart avoit puissamment contribué à son *Histoire Naturelle*, n'a rien changé à la routine d'admiration de ses lecteurs? L'*Histoire des Oiseaux*, qui est presque toute de la main de M. Gueneau, et qui est une des meilleures parties de l'ouvrage, n'a pu faire tomber sur son nom le moindre des rayons dont celui de M. de Buffon brillera jusqu'à la dernière postérité. Les auteurs ont leurs destinées comme les livres.

VIII.

DE LA SUPPOSITION D'AUTEURS.

Il y a loin en apparence du crime de plagiat à celui de supposition d'auteurs ou d'ouvrages, qui n'est pas beaucoup moins commun. On les croiroit même totalement opposés si l'esprit n'y reconnoissoit ce rapport tiré de l'amour-propre de l'homme qui, à défaut de jouir sous son nom de la réputation d'un autre, aime à jouir sous le nom d'un autre du succès de son propre talent. Ce dernier genre de supercherie a bien aussi son mauvais côté; mais on ne peut se dispenser de convenir qu'il est plus généreux que l'autre, et qu'il montre plus d'élévation d'esprit. Les plus grands génies n'ont pas fait difficulté d'en user; témoin ce trait de Michel Ange qui feignit d'avoir tiré des fouilles de Rome un torse dont il avoit conservé les extrémités, et qui attendit que l'admiration publique eût assigné son ouvrage aux plus grands artistes des temps anciens pour en réclamer l'honneur. C'est même assez souvent un moyen sûr de désarmer les injustes préventions, et de ramener à la vérité les jugemens du public, ou du moins d'en obtenir des opinions plus douces. Voltaire raconte qu'un jour, dans un cercle où l'on se réunissoit à dépriser le mérite de La Motte, et à lui opposer celui de La Fontaine avec un avantage réellement incontestable, il s'avisa de proposer une fable de La Fontaine pour preuve du sentiment général, et cita de mémoire une fable de La Motte. L'approbation fut unanime à la première lecture, et se démentit à la seconde : La Motte avoit été nommé.

Je n'ai pas caché que je pensois qu'un assez grand nombre d'écrits anciens avoient été publiés sous des noms modernes à la renaissance des lettres, et je suis aussi disposé à croire que beaucoup d'auteurs modernes ont mis, vers le même temps, leurs productions sous des noms anciens et célèbres. Il seroit ridicule sans doute de porter le scepticisme en ce genre au même point que le père Hardouin, qui avança que presque tous les anciens livres, tant grecs que latins, avoient été supposés dans le treizième siècle par une société de savans, sous la direction d'un certain Severus Archontius, et qui n'exceptoit que Cicéron, Pline, les *Géorgiques* de Virgile, les *Satires* et les *Épîtres* d'Horace, Hérodote et Homère[1]. Mais si mon hypothèse ne peut se démontrer pour aucun ouvrage de l'antiquité en particulier, je ne l'en crois pas moins fondée en probabilité.

La supposition d'auteur étoit une idée qui se présentoit naturellement à tous les écrivains, et qui leur assuroit pour leurs ouvrages une chance de crédit qu'ils n'auroient pas trouvée en eux-mêmes. Aussi toutes les littératures en présentent à l'envi des exemples, depuis les livres de Seth et d'Énoch, jusqu'aux oeuvres posthumes du plus obscur de nos contemporains. Je ne répondrois pas qu'Adam n'eût eu son livre, et tout le monde sait que le *Jezirah* est attribué à Abraham par les Rabbins. Il en a été de même dans toutes les religions, où les fondateurs du culte n'ont jamais manqué d'in-

---

[1] *Harduinus de Numm. Herodiad. in prob. Act. erudit. Lips. ann.* 1710, p. 170.

terprètes et de contrefacteurs intéressés. Les temps mythologiques et héroïques, qui paroissent un peu plus riches de science et de raison que notre barbarie septentrionale, sont pleins de la renommée et des écrits d'Hermès, d'Horus, d'Orphée, de Daphné, de Linus, de Palamède, de Zoroastre, de Numa. On sait que celui-ci avoit expressément recommandé ses livres à la garde du collége des prêtres, et que le sénat de la république, après en avoir pris lecture, plusieurs siècles après, ordonna qu'ils fussent livrés aux flammes, comme contenant des idées qui pouvoient être funestes aux hommes. Ce sujet ouvroit, suivant moi, une si belle carrière à l'imagination d'un auteur hardi, que je regrette qu'aucun écrivain moderne ne s'en soit emparé, car je n'oserois pas répondre qu'on n'en ait hasardé quelques contrefaçons chez les Romains comme des livres des Sibylles, sujet facile et inépuisable, dont les premiers chrétiens ont peut-être fait quelque abus. Je ne dissimule même point que je garde quelque rancune au sénat, de l'exécution indiscrète à laquelle il livra les plus précieux vestiges de la civilisation et des lois romaines. Ce seroit une lecture très curieuse que celle du testament d'un Roi dévot, qui a étayé sa législation du conseil et de l'appui d'une déesse, et qui lègue aux prêtres, en mourant, les derniers secrets de sa politique.

Je ne puis assurer, je le répète, qu'une contrefaçon si commode, et dont l'effet pouvoit être si brillant, n'ait pas tenté quelques uns des sophistes auxquels a long-temps appartenu l'héritage de la littérature; mais cet ouvrage ne seroit point parvenu jusqu'à nous, et auroit subi en cela le sort de tant de choses admirables que l'antiquité nous laisse à regretter. En effet, nous avons perdu la meilleure partie des poètes dramatiques, lyriques et bucoliques grecs; beaucoup de critiques, d'historiens, de savans, et la bibliothéque immense qui se composeroit des innombrables ouvrages de ces verbeux philosophes dont Diogène Laërce nous conserve à peine quelques apophthegmes incertains. Outre ces excellens poètes que les éloges de leurs émules eux-mêmes recommandent si bien à la vénération de la postérité, Varius, Accius et Pacuve, et particulièrement de ces comiques après lesquels Térence n'occupoit que le sixième rang, s'il faut s'en rapporter à l'assertion hasardée de certains philologues (étonnante imagination que celle qui concevroit la possibilité de remplir ces places!), ne sommes-nous pas privés de cette irréparable collection des écrits de Varron, qui ne laisseroit peut-être point de voile sur tous les mystères de la philosophie, de la littérature et de la grammaire latines? Nous reste-t-il de Tite Live et de Tacite lui-même, malgré les précautions d'un empereur de son nom, autre chose que de riches fragmens? Quel intérêt n'auroit pas pour nous cette histoire écrite par Caton le censeur, et dont il est parlé dans Plutarque, véritable et peut-être unique monument de l'antique vertu romaine, où l'on ne remarquoit aucun nom propre, mais seulement *le consul*, *les sénateurs*, *l'armée*, tant les gloires personnelles et les intérêts particuliers de ce temps-là étoient subordonnés à la gloire et à l'intérêt public! Le Traité *de la Gloire*, dont je parlois tout à l'heure, nous est-il parvenu dans la collection des écrits de Cicéron, multipliés avec tant de soin par l'heureuse vanité de leur auteur, et dont ce fameux discours feroit un des plus beaux ornemens? sujet de déplaisir bien vif pour les amateurs des bonnes lettres, quoique moins sensible à mon avis que celui qui doit leur être donné par la perte du Traité *de Virtute* de Brutus, production d'une tout autre valeur en matière, et peut-être même en exécution, si j'ose dire ce que j'en pense, à défaut de pouvoir dire ce que le goût public en décideroit.

Cette circonstance me ramène aux ouvrages faussement attribués à d'illustres anciens, puisque des érudits de la plus haute distinction, et entre autres M. Tunstall, ont compté dans ce nombre l'admirable correspondance de Cicéron et de Brutus. Ce paradoxe a été suffisamment combattu par le judicieux M. Middleton, et d'une manière qui ne laisse rien à désirer, quoique je trouve qu'une démonstration plus évidente encore est celle qui sort de l'ouvrage lui-même. Il faudroit convenir du moins que le faussaire qui se seroit élevé ainsi au plus beau style de l'antiquité ne présenteroit pas un phénomène moins étonnant que ses modèles dans le monde littéraire. Je doute que l'éloquence romaine soit jamais parvenue au degré de sublimité où elle se voit dans la lettre de Brutus et de Cassius à Marc Antoine, et dans celle que Brutus écrivit à Cicéron pour lui reprocher de l'avoir recommandé à l'indulgence du jeune Octave. Il y a loin de là aux lettres de Thémistocle, de Phalaris, d'Apollonius de Thyane, et autres écrits supposés de ce genre.

Une des suppositions les plus célèbres est celle

des *Fables* d'Ésope, par le moine Planudes. Cette question a été décidée si vivement par le savant Bentley, et dans le curieux livre *de ludicrâ Dictione* de Vavasseur, qu'on ose à peine y opposer quelque doute. Un singulier anachronisme qui se trouve dans la fable *du Singe et du Dauphin*, est cependant la meilleure autorité dont ces critiques aient appuyé leur plaidoyer contre Planudes, et je la crois de peu de valeur. Il est vrai que le port du Pirée, dont il est question dans cette fable, ne fut construit que par les ordres de Thémistocle, c'est-à-dire cent ans après l'époque où florissoient Solon, Cyrus, Crésus et autres personnages célèbres dont on fait Ésope contemporain; mais nous ne le plaçons dans ce siècle que sur la foi des auteurs qui ont dirigé Planudes dans la vie mensongère qu'il en a faite, et ce point de chronologie littéraire étoit si incertain chez les anciens qu'il y en a quelques uns qui ont compté plusieurs Ésopes. Le nom d'Ésope étoit d'ailleurs devenu dans la Grèce une espèce de sceau banal [1], qu'on attachoit à tous les apologues

---

[1] C'est le propre de l'érudition populaire de rattacher toutes ses connoissances à quelque nom vulgaire. Il y a peu de grandes actions de mer qu'on n'attribue à Jean Bart, peu d'espiégleries grivoises qu'on ne mette sur le compte de

utiles et ingénieux, comme ceux de Pilpay, de Lockman, de Salomon, dans l'Orient; d'où l'on a conclu un peu hasardeusement aussi que presque tous ces noms se rapportoient au même homme. Je pense, au contraire, que le nombre des fabulistes anciens a été beaucoup plus grand qu'on ne l'imagine, et que si l'on n'en cite guère que trois ou quatre, c'est que ceux-là ont précédé les autres, et absorbé dans leur renommée toutes les renommées de leurs successeurs. La tradition pouvoit donc, long-temps avant Planudes, avoir mêlé dans ses recueils des apologues étrangers à Ésope, et entre autres celui qui sert de texte à l'accusation dont je parle. Il est probable que ces fables n'avoient long-temps été conservées que par la mémoire qui les transmettoit de génération en génération, et que c'est ce qui a rendu si rares les manuscrits d'Ésope[1]; mais leur style a un ca-

---

Roquelaure. Il en est de même, pour la foule, des auteurs à la portée desquels son intelligence peut s'élever. Il y a cent cinquante ans qu'un bon mot ne pouvoit éclore que sous le nom de Bruscambille ou de Tabarin. Les Grecs, nation spirituelle et polie, mais qui ressembloit d'ailleurs par la masse à toutes les nations du monde, ont dû en faire autant pour l'apologue.

[1] Il est de l'essence de la fable antique de se graver facilement dans la mémoire, parce qu'elle est ordinairement

ractère de simplicité primitive, auquel auroit difficilement atteint le bavardage de Planudes, car il n'y a aucune comparaison à faire entre le style de ce moine et celui de son auteur, quoi qu'en disent les critiques.

S'il y a d'ailleurs un genre de littérature où les doubles emplois et les répétitions doivent se multiplier presqu'à l'infini, c'est celui qui est cultivé par le *fablier*, le *nouvellier* et le conteur. Tous les recueils de ce genre ne font guère que se copier les uns les autres, et on ne finiroit pas d'en rapporter des exemples. En voici un pour mille : le *Fabliau, ou plaisant*

contenue en peu de mots; en quoi elle diffère de la fable moderne inventée par La Fontaine, dont les développemens augmentent le charme. C'est une espèce de poésie gnomique figurée. Il n'est donc pas étonnant qu'il se soit introduit des altérations remarquables dans les ouvrages de ce genre. Les philologues anciens nous ont conservé un passage de Pythagore, où il est question de Junius Brutus; et comme Pythagore ne se flattoit pas d'avoir le sentiment de l'avenir aussi-bien que celui du passé, on peut douter qu'il ait parlé d'un homme qui étoit à peine né, lors du voyage de ce philosophe en Italie, et qui ne se fit de réputation que dans sa vieillesse. On n'a pas remarqué que les fragmens de Pythagore furent recueillis au hasard, sur des traditions assez vagues, de sorte que si l'on séparoit le vrai du faux, par des procédés sûrs, on seroit obligé d'en laisser plus de la moitié à ses élèves, et spécialement à Lysias.

Discours du Secrétaire de Clugny, par Jean Chapelain, poëte du treizième siècle, a été copié par Masuccio Salernitano, qui en a fait la première de ses cinquante nouvelles. L'auteur anonyme des *Comptes du Monde adventureux* l'a repris à son tour; et, pour mieux déguiser son emprunt, il en a fait la vingt-troisième des siennes. Il n'y a rien au reste qui intéresse moins le lecteur de cette espèce de livres que la source où le compilateur a puisé, pourvu que le choix soit bon et le style piquant, et bien peu de personnes ont dû souhaiter de savoir positivement s'il étoit vrai que les *Nouvelles Récréations* de Bonaventure Desperriers fussent en effet de l'invention de Jacques Pelletier et de Nicolas Denisot, dit le comte d'Alsinois, comme l'a avancé La Croix du Maine, et comme le soutient La Monnoye. Quant à moi, j'aurois beaucoup plus à cœur de vérifier si ces deux ingénieux écrivains sont effectivement avec Élie Vinet, ainsi que le pense Rigoley de Juvigny, les auteurs d'un des volumes les plus curieux et les moins connus de notre ancienne littérature, les *Discours non plus mélancoliques que divers*. La réputation du *nouvellier* ne peut donc pas être entachée par l'accusation de plagiat, car elle résulte de circonstances fort indépendantes du mérite de l'invention. Il faudroit sans cela estimer à l'égal du *Décaméron* de Boccace, les *Facétieuses Journées* de Gabriel Chappuis, qui sont presque aussi originales, et qui ne sont pas moins amusantes, mais qui n'offrent pas à beaucoup près le mérite exquis de style du conteur florentin.

On ne parviendroit pas, à moins d'y consacrer un volume tout entier, à donner une idée de la multitude d'ouvrages que des faussaires français ont mis sous des noms connus. Ce seroit le sujet d'une bibliographie spéciale, assez curieuse et assez étendue, à laquelle un Gatien de Courtilz fourniroit seul plusieurs pages. Un demi-siècle s'est passé en France, où chaque mois voyoit paroître les mémoires d'un capitaine, le testament d'un ministre ou les lettres d'une favorite. Quoiqu'il soit du ressort de la critique bibliologique d'indiquer les circonstances auxquelles on peut distinguer ceux de ces ouvrages qui ont un caractère réel d'authenticité de ceux qui sont évidemment contrefaits, et que cette espèce de renseignement soit presque indispensable pour la direction des lectures des gens du monde, je me soustrais aussi vite que je le puis à la discussion fastidieuse qui en résulteroit pour continuer un examen plus agréable et plus varié.

Rien ne favorise davantage la supercherie dont je parle que l'habitude où sont les amateurs des lettres de rechercher à la mort des écrivains distingués, les plus frivoles de leurs *posthumes*, habitude qui va quelquefois jusqu'à la manie, au point qu'un gentilhomme anglais s'étoit obligé, il y a quelques années, à couvrir d'une forte somme chaque ligne de Sterne qui lui seroit représentée. Outre que cet usage ne produit presque jamais rien d'honorable pour la mémoire des auteurs, dont il exhume, au contraire, le plus souvent, des pièces très indignes du jour, il prête infiniment, comme je l'ai dit, aux manoeuvres des faussaires, qui profitent de l'engoûment et de la crédulité du public pour lui vendre à haut prix leurs chétives productions. C'est bien pis encore quand ces *posthumes* supposées ont un caractère propre à flétrir la mémoire d'un homme de lettres, et à faire peser sur sa cendre la haine ou le mépris du lecteur. Ainsi, des copistes effrontés n'ont pas craint de souiller les chastes manuscrits de Virgile de leurs infâmes *priapées*: le nom sans reproche du modeste et obscur Mirabaud, s'est vu attacher à un livre qui sappoit tous les fondemens de l'état social; et on sait à n'en pas douter maintenant que la plupart des vigoureux pamphlets qui rendent Boulanger odieux aux catholiques, étoient sortis de la main de Damilaville.

Autant cette supposition est odieuse et faite pour provoquer les modes de répression les plus graves, autant est plaisante et digne de pitié celle qui offre un grand écrivain contrefait par la médiocrité ou par l'ignorance. L'Angleterre a reçu, d'un de ses plus méchans rimeurs, quelques tragédies posthumes de Shakspeare qui n'ont trompé personne; et je ne sache pas que les fables de La Fontaine découvertes par M. Simien Despréaux aient été plus heureuses. Elles n'ont de remarquable, après leur extrême foiblesse, que la naïve bonhomie avec laquelle l'auteur les admire, et donne carrière à son amour-propre, à la faveur de l'heureuse pseudonymie qui met sa modestie à l'abri.

On ne sauroit nier que la supposition d'un ouvrage placé sous le nom d'un auteur fameux n'ait au moins le mérite de la difficulté bravée, les objets de comparaison qui peuvent éclairer le lecteur étant à la portée de tout le monde. Il n'est pas même besoin d'une grande finesse de goût pour bien discerner l'original de la copie la plus parfaite, et un écrivain distingué a toujours dans son style quelques secrets que les imitateurs ne trouvent pas. Par exemple, il n'y a point d'école qui ait fait plus de progrès en son temps que celle de Gresset, et point de versificateurs dont on ait saisi plus facilement la manière ou le ton général. Les recueils littéraires fourmillent de petites épîtres en vers de huit syllabes à rimes riches et redoublées, dont chaque période s'allonge en détails souvent redondans, mais étincelans de contrastes et d'antithèses. Jusque-là peut s'étendre la portée de l'imitation ; mais pour qu'elle parvînt à ce je ne sais quoi qui fait le véritable charme de l'auteur, à cette facilité abondante qui prodigue les figures sans en laisser voir la recherche, à cet heureux choix de traits où l'enchaînement des observations n'est jamais sacrifié à la nécessité des effets; pour réunir enfin la sagesse sans morgue, la gaîté sans bouffonnerie, la satire sans causticité, et la parure sans prétention, il faudroit avoir avec Gresset une de ces conformités entières et universelles dont l'ordre intellectuel et moral n'a pas plus d'exemple que la nature. Aussi je me crois bien convaincu qu'à défaut même de preuves qui me rendent incontestable l'authenticité du *Parrain magnifique*, je n'aurois jamais été tenté de l'attribuer à un autre.

La contrariété dont je viens de parler, et qui résulte de cette faculté qu'a le lecteur d'opposer l'original à la copie, déconcerte si souvent la fable la mieux arrangée d'ailleurs, qu'il ne faut pas s'étonner que les faussaires aient essayé d'y pourvoir. C'est le motif qui les a déterminés à chercher dans les temps anciens des noms infiniment peu connus, ou même à en inventer, pour étayer leurs conceptions de la recommandation d'une antiquité imposante. Il est de toute évidence que cette dernière espèce de supposition est la plus innocente qui se puisse faire, et que la légère atteinte qu'elle porte à la vérité est à peine de nature à mériter le reproche de la probité scrupuleuse ; le public la pardonne cependant rarement, parce qu'il ne veut point qu'on se serve de sa crédulité, même pour lui procurer des plaisirs, et que rien ne compense l'outrage fait à sa vanité.

C'est donc par un effet de la passion la plus excitable du cœur humain que Chatterton ne jouit pas en Angleterre de toute la réputation que devoient lui obtenir ses *Poésies* de Rowley, qui auroient fait plus certainement sa gloire s'il les eût publiées sans supercherie : génie étonnant et déplorable qui anticipa toute sa destinée d'une manière si rapide, qu'il avoit atteint à dix-huit ans la vieillesse du malheur, et qu'à peine sorti du nombre des enfans célèbres, il augmenta de son nom la liste des suicides[1] ! On ne sera pas surpris après cela que cette lumière précoce se soit éteinte sous le boisseau et sans avoir frappé les regards du monde. Il étoit mort, cet infortuné Chatterton, quand la voix toujours généreuse du chevalier Croft[2] réclama quelque estime pour sa mémoire, comme elle l'a fait depuis en France pour ce Grainville[3], non moins recommandable et non moins malheureux, à qui il n'a manqué, pour s'assurer une célébrité solide, que la vogue capricieuse qui la donne, ou la fortune qui l'achète.

Les malheurs de Chatterton n'étoient pas si propres à décourager les faussaires que le succès de Macpherson à les aguerrir; car il faut

[1] Il y fut peut-être déterminé par les mêmes motifs que ce Terenzio, connu dans les annales des arts par la supériorité avec laquelle il contrefaisoit les peintures anciennes, et qui ne put survivre au chagrin d'avoir été découvert.

[2] Savant Anglais, collaborateur de Johnson et commentateur d'Horace.

[3] Auteur d'une espèce d'épopée en prose intitulée Le Dernier Homme, qui présente de grandes beautés.

consentir, sur tant de preuves incontestables que cette discussion a fait éclore, à lui restituer le principal mérite des poésies d'Ossian. Ce qu'on a retrouvé des chants de la muse calédonienne se réduit certainement à quelques lambeaux informes et décousus, qui n'ont pu donner à l'ingénieux Écossais qu'une idée vague de ses plans et un sentiment général du style propre. On alléguera inutilement que les poëmes d'Homère ne furent peut-être pas autre chose dans leur origine, et que sans le soin de Pisistrate, qui les fit scrupuleusement rassembler, ils n'eussent bientôt offert que des rapsodies imparfaites et sans ordre. Le nom d'Homère, qui n'est pas mieux garanti que celui d'Ossian, a traversé fièrement les siècles, sans qu'on s'avisât de régler l'admiration que ses ouvrages inspiroient sur l'authenticité de leur auteur, et qu'on soupçonnât, au moins d'une manière dangereuse pour sa renommée, que cette singulière agrégation de fragmens en différens dialectes, pouvoit bien être le résultat d'un travail complexe, où nous admirerions plusieurs poètes sous un nom commun. Horace s'indigne quand Homère dort! Eh! qui sait, quand Homère dort, si ce n'est pas seulement Homère qui cesse de parler? On a peu considéré jusqu'ici deux des livres de Tibulle, sans que la mémoire de Tibulle ait à s'en offenser, si l'on prouve, comme on l'a promis, que cette partie de son recueil est d'un certain Lygdamus. Quoi qu'il en soit, Ossian a eu le bonheur de faire des enthousiastes aussi fervens que ceux d'Homère, et je crois même davantage; car il est, je ne sais pourquoi, du destin des opinions hasardées d'être embrassées plus chaudement que les autres; mais son triomphe a été de bien plus courte durée, parce qu'on a reconnu Macpherson sous son déguisement sauvage, et qu'il est trop dur d'accorder à un bourgeois écossais, qui a d'ailleurs le tort de vivre, l'admiration exaltée qu'on croyoit pouvoir porter à un Barde du troisième siècle. Les *Poésies* d'Ossian n'en sont pas moins un ouvrage d'une originalité fort remarquable, et qui assigne à Macpherson un rang éminent parmi les littérateurs de son temps.

Il y a quelques années qu'un homme plein de goût et de savoir, publia, sous le nom de Clotilde de Surville, des poésies dont il plaçoit la composition au commencement du quinzième siècle. Cet ouvrage étoit, dit-on, un héritage de famille, dont le dernier propriétaire fut un M. de Surville, malheureusement fusillé à La Flèche, sous le règne du directoire. Déjà il avoit été dans les mains d'une personne digne de l'apprécier, et madame de Vallon en préparoit une édition dans l'avant-dernier siècle, quand elle fut surprise par la mort. Il ne restoit de cette édition ébauchée que des *Préliminaires*, qui ont été en partie conservés dans celle-ci ; et leur invention étoit un effort d'esprit de plus pour le falsificateur, car la préface de madame de Vallon est du nombre des pastiches les plus remarquables par leur vérité. L'introduction de ce personnage étoit aussi d'une conception très ingénieuse; car dans le cas même où les *poésies* de Clotilde offriroient quelque anachronisme inévitable, le nom de madame de Vallon étoit une excuse toute prête. On pouvoit croire facilement que cette dame, possédée de l'amour des lettres, n'avoit pas résisté au désir d'introduire quelques unes de ses productions parmi celles de son aïeule, qu'on lui faisoit même modifier jusqu'à un certain point ; et, au pis-aller, le soupçon de supposition, déconcerté par l'intervalle d'un siècle, et n'ayant plus que madame de Vallon à qui se prendre, ne faisoit pas redouter les mêmes inconvéniens que s'il devoit s'exercer sur un contemporain. Toutes ces adroites précautions, auxquelles l'éditeur ne paroît pas avoir concouru, ne mirent cependant pas les *poésies* de Clotilde à l'abri d'un examen sérieux ; et soit que M. de Surville, interrompu par la mort dans son dessein, n'ait pas eu le temps de le porter à sa perfection, soit qu'il lui ait été réellement impossible de feindre assez heureusement pour tromper la fine perspicacité de nos critiques, il ne reste guère de doute sur la fausseté de sa Clotilde. Indépendamment de la pureté du langage, du choix varié des mesures, du scrupule des élisions, de l'alternation des genres de rimes, règle aujourd'hui consacrée, mais inconnue au temps de Clotilde [1], de la perfection enfin de tous les vers, le véritable auteur a laissé échapper des indices de supposition auxquels il est impossible de se méprendre.

On se laisseroit persuader à toute force qu'une dame inconnue a pu écrire, au temps d'Alain Chartier, des vers qui ne diffèrent des meilleurs de notre temps que par une orthographe ancienne, souvent recherchée jusqu'à l'affec-

[1] C'est l'usage qui a établi cette règle comme toutes les autres, avant que les compilateurs de poétiques l'eussent reconnue. Tabourot est le premier, je crois, qui en ait traité fort au long, dans son livre des *Bigarrures*, où ces détails se trouvent noyés avec beaucoup de choses curieuses dans une foule d'inepties.

tation; on s'efforceroit de croire qu'elle a pu se rencontrer avec Voltaire, dans la disposition d'un conte auquel on ne connoît point de source commune, et avec Berquin, dans le sentiment d'une romance charmante; enfin, l'esprit ne verroit peut-être dans l'allusion manifeste aux événemens des dernières années de notre siècle, qu'offre l'*Héroïde à Bérenger*, qu'un tableau de ceux qui troubloient le siècle même du poète. Mais comment expliquer dans ce poëme *de la Nature et de l'Univers*, que Clotilde avoit, dit-on, commencé à dix-sept ans, la citation de Lucrèce, dont les œuvres n'étoient pas encore découvertes par le Pogge, et ne pénétrèrent probablement en France qu'après être sorties, vers 1473, des presses de Thomas Ferrand de Bresse? Commen comprendre qu'elle ait pu parler, à cette époque, des sept satellites de Saturne, dont le premier fut observé, pour la première fois par Huyghens, en 1655, et le dernier par Herschell, en 1789?

Ces puissantes raisons sont peut-être inutiles pour quiconque a une certaine habitude de notre ancienne poésie. Celui-là ne pourra voir dans les vers de Clotilde qu'une production très moderne, habillée de lambeaux antiques, assez souvent équivoques eux-mêmes; car le besoin de vieux termes a fait tomber quelquefois le contrefacteur dans l'abus du néologisme. Il a employé une foule de mots créés, et particulièrement de latinismes simplement assujettis à une terminaison française, qui n'ont jamais été reçus dans la langue. Il est vrai qu'au temps de Clotilde, où s'accumuloient très lentement les richesses du langage, on avoit quelque latitude pour ces emprunts de mots, poussés à un excès si prodigieux par Ronsard, par Du Bartas, et surtout par le malheureux Édouard du Monin, qui eut l'art d'être ridicule en quatre ou cinq langues; mais leur exemple montre ce que Clotilde auroit pu faire avant eux. Il y a tels obstacles que le génie le plus heureux tenteroit inutilement de franchir. Ronsard même, tout gothique qu'il est à présent, ne manquoit pas de génie, et cependant il fut bien loin d'inventer la langue de Malherbe. Les langues se forment successivement : elles ne se devinent pas; et cette petite difficulté, qui ne frappe presque pas les lecteurs communs, est la plus fondée en force aux yeux des vrais critiques, de toutes celles qu'on peut opposer à l'authenticité des vers de Clotilde.

L'opinion est maintenant fixée sur le véritable auteur de ces intéressans ouvrages. Je ne crois pas qu'on puisse douter que ce ne soit M. de Surville lui-même; et il avoit certainement tout le talent qu'il faut pour justifier cet honorable soupçon. J'ai eu l'honneur de me rencontrer avec lui dans deux seules occasions. A la veille du sort funeste qui l'enleva aux lettres, et au milieu des agitations d'une entreprise hasardeuse, la poésie l'occupoit encore; et quoiqu'il ne dissimulât pas sa propre passion pour les vers, ceux de Clotilde lui inspiroient une prédilection qui l'a occupé jusqu'au dernier moment. Ceux qui connoissent les poètes ne se tromperont pas à cette circonstance : il seroit inouï qu'un homme de cet art eût oublié l'intérêt de sa gloire pour celui d'une aïeule ignorée, si ces deux intérêts ne s'étoient pas confondus en un seul. On a dit que les ouvrages de M. de Surville n'avoient aucun rapport avec ceux de Clotilde; on prétend que sa muse péchoit par une exaltation extrême, bien éloignée de la simplicité naïve et noble de madame de Surville; on n'a pas ajouté, comme on auroit dû le faire, que ces ouvrages incorrects étincellent pourtant de beautés très remarquables; que l'auteur étoit très jeune encore quand ils sont sortis de sa plume, et qu'il pouvoit avoir fait depuis des progrès qui ne sont pas inexplicables avant trente ans, soit par la seule force de son talent, soit en rencontrant heureusement le genre qui lui convenoit le mieux. J'ai entendu, pour ma part, des vers de M. de Surville, auxquels il ne manquoit qu'un tour antique pour figurer très honorablement parmi ceux de Clotilde ; et, en résultat, la naïveté de Clotilde n'est assez souvent que dans le choix de ces expressions qui vieillissent la pensée. L'ancien langage a cette propriété de convenir si merveilleusement aux sentimens simples et aux idées touchantes, qu'on ne l'entend point sans une espèce d'émotion, parce qu'il transporte l'esprit à des jours reculés, que nous nous représentons toujours comme ceux de l'innocence et du bonheur. Voilà pourquoi nous trouvons que rien ne le remplace dans les douces peintures du temps passé, tandis que nous ne le tolérons plus dans les chants de l'épopée et de la poésie lyrique. En y regardant bien, on verra que ceux de cette espèce qui se trouvent parmi les œuvres de Clotilde, ne sont pas trop dépourvus de cette exaltation qu'on reproche à M. de Surville, et qu'à la livrée de l'âge d'or près, ils ne sont pas loin du style de notre école. Quoi qu'il en soit, ces poésies ont un mérite qui les fera vivre ; et le public doit désirer que M. de Roujoux mette au jour le reste des poésies inédites de Clotilde, qui est tombé entre ses mains, et dont il fait mention à la page 90 de son intéressant *Essai sur les Révolutions des Sciences et des Arts*. Ce nouveau recueil, qui sort, à n'en pas douter, des mains de M. de Surville, et qui a été quelques momens dans les miennes, ne me paroît pas moins digne d'attention que celui qui l'a précédé ; et s'il ne présente plus, selon moi, la même question à débattre, il réunit assez de beautés pour soutenir le goût des lecteurs, sans qu'il soit besoin de l'exciter désormais par une supercherie d'ailleurs extrêmement innocente.[1]

IX.

DE L'INTERCALATION.

Parmi les écrits des anciens qui nous sont parvenus, il y en avoit grand nombre de mutilés par la main du temps, ou par la fureur des barbares, ou par l'intolérance et l'esprit de

---

[1] Ce Recueil a paru depuis, et a confirmé mes hypothèses sur la manière dont les *poésies de Clotilde* ont été composées. C'est une des questions sur lesquelles l'âge, l'expérience et l'étude ne m'ont pas fait changer d'avis. (N. N.)

parti. Ces monumens du passé portoient en eux, si l'on peut s'exprimer ainsi, toutes les pièces des innombrables procès qui alloient s'élever entre les sectes naissantes et celles qui tendoient à leur fin; et l'on ne peut pas douter que la coupable adresse des falsificateurs ne se soit employée plus d'une fois à les modifier. Les uns ont retranché hardiment des passages entiers, les autres en ont intercalé de nouveaux; mais comme la mauvaise foi se décèle toujours par quelque point, surtout quand elle se trouve jointe à la grossière ignorance, les premiers n'ont pas remarqué que les lignes qu'ils supprimoient étoient citées par d'autres écrivains, qui les conservoient malgré eux à la postérité, et qu'elles laissoient d'ailleurs, entre les idées dont elles faisoient la liaison, un vide facile à reconnoître; les autres se sont trahis par des maladresses plus absurdes encore, soit en faisant parler un auteur de choses dont il ne pouvoit avoir eu connoissance, soit en le mettant en contradiction manifeste avec lui-même, soit en incrustant si gauchement les pièces de rapport dont ils chargeoient son ouvrage, que l'œil le plus inexpérimenté en voyoit facilement la supposition. Il y a des exemples de ce genre de supercherie dans Josèphe, et même dans Tacite, dont nous n'avons peut-être conservé quelques ouvrages qu'à ce prix.

X.

DES SUPPLÉMENS.

Il faudroit bien se garder de comprendre dans la même classe l'auteur laborieux et utile qui a cherché à remplir, d'une manière profitable pour les lettres, les lacunes d'un écrivain célèbre, en reconnoissant avec sincérité la part qu'il avoit eue à ces additions. C'est même une entreprise utile pour les ouvrages d'histoire, où l'esprit excuse volontiers quelque incohérence dans le style, moyennant qu'on rétablisse l'enchaînement des faits que quelque mutilation a rompu, surtout quand le style n'est pas la première partie de l'écrivain, comme il l'est dans Tacite, dont je ne conseillerois à personne de réparer les pertes. Je sais donc gré au bon Freinshemius de n'avoir pas étendu jusque là ses sages travaux, et de s'en être tenu à Tite Live et à Quinte-Curce, chez qui la partie du style est excellente, mais parmi les ouvrages desquels il pouvoit coudre plus hardiment quelques lambeaux de sa façon, parce qu'on y cherche encore plus avidement le fond des événemens que la forme qu'un habile écrivain y peut donner. Au reste, puisqu'il seroit indiscret et même téméraire d'oser s'adjoindre à un historien comme Tacite, quelle opinion n'inspirera pas le versificateur imprudent qui ne craindra point d'attacher ses conceptions à celles d'un grand poète, comme Mapheo Weggio, qui s'est avisé de donner un treizième chant à l'*Enéide*? J'aimerois presque autant l'audace de Vida, qui a refait l'*Art poétique* d'Horace dans la langue d'Horace.

Mais il est arrivé de temps en temps que la supercherie s'est mêlée de ce remplissage, et que l'auteur des additions, intérieurement satisfait de la vérité avec laquelle il avoit imité le style de son modèle, n'a pu résister à l'envie d'en faire pour le public une occasion d'erreur. C'est ainsi qu'il faut considérer, selon moi, les fameux fragmens du livre de Pétrone, publiés par Nodot, quoiqu'ils offrent, avec leur original, un air de ressemblance fort heureusement saisi. Ce livre lui-même, considéré comme satire de la cour de Néron, est une supposition absurde. C'est tout bonnement la débauche d'esprit d'un libertin élégant qui possède l'art d'écrire à un degré très élevé. M. de Voltaire a traité cette question avec un esprit de critique fort judicieux, qui ne me laisse rien à ajouter, sinon que cette question en elle-même ne mérite pas qu'on y attache grande importance, puisque le *Satyricon* est du nombre de ces écrits dont la connoissance peut à peine être avouée par un honnête homme.

XI.

DES PASTICHES.

Les amateurs d'un genre tendre et voluptueux, mais sans aucun cynisme, éprouvoient plus de regret de la perte d'un fragment de *Daphnis et Chloé*, que MM. Renouard et Courrier ont eu le bonheur de retrouver dans le manuscrit de Florence. Une fatalité attachée à cette espèce de découverte, et qui prête un argument très spécieux à ceux qui en veulent nier l'authenticité, paroît avoir anéanti, au moins en grande partie, le feuillet du texte original où ce fragment est contenu; mais indépendamment de la confiance que méritent les savans que j'ai nommés, la petite querelle littéraire qu'a suscitée ce malheur le constate bien suffisamment. Le fragment rétabli est donc certainement de Longus, quoique M. Courrier ne manque pas du talent propre à fort bien contrefaire les anciens et les modernes, et qu'il ait particulièrement réussi de la manière la plus heureuse dans la traduction qu'il a donnée du fragment même en style d'Amyot.

Cette sorte d'imitation du style d'un auteur est un jeu d'esprit auquel tout le monde ne peut pas s'élever, et qui n'est pas susceptible d'un grand développement. Les tours familiers d'un écrivain peuvent se rencontrer, mais non pas l'ordre et la succession de ses idées. La forme du style est une espèce de mécanisme qui se réduit à quelques moyens, entre lesquels les auteurs se décident suivant leur penchant ou leurs facultés ; mais la conception d'un plan est le résultat d'une manière expresse et particulière de sentir les rapports des choses, et il est à peu près impossible d'en deviner le secret. On pourra me citer quelques exemples qui ont démenti cette règle, mais seulement dans un genre de style très facile à imiter, comme la *Marianne* de Marivaux, que madame Riccoboni a achevée dans le même goût, et de manière à tromper les amateurs de cette espèce de lecture. Je soupçonne que les éditeurs de la *Nouvelle Héloïse* qui y ont ajouté une nouvelle lettre de Saint-Preux, que je n'ai jamais été curieux de lire, ne s'en sont pas tirés si heureusement. C'étoit une tâche qu'il falloit céder à M. le Suire, auteur très oublié de l'*Aventurier françois*, dont il sera question plus loin, et qui s'entendoit mieux qu'eux à ce pastiche; ou plutôt c'étoit une tâche dont il ne falloit pas se charger du tout; car on peut croire à toute force que Rousseau avoit bien quelque raison pour laisser son roman comme il est.

Je ne croirai donc pas aisément à la perfection d'une imitation de style d'une certaine étendue, parce que le système de la composition me détromperoit, même quand la construction de la phrase me feroit illusion. Ainsi, je comprendrois bien que Guillaume des Autelz ou un de ses contemporains, avec autant d'esprit que lui, eût réussi à intercaler dans Rabelais un petit chapitre qui se lieroit avec le reste, sans inspirer de soupçons; mais on auroit de la peine à me persuader qu'il en eût fait tout le dernier livre. J'ai entre les mains un recueil assez curieux de pièces de ce genre (NOTE M), mais aucune n'outre-passe les bornes de quelques pages d'impression.[1]

---

[1] Il en est de même dans la peinture, où cette petite composition s'appelle *pastiche*. On parvient à saisir quelque circonstance de la manière d'un artiste, et comme cette circonstance, ordinairement frappante, est la première qui

Il y a peu de pastiches plus connus que ceux d'après Balzac et Voiture, qui se trouvent dans quelques éditions des *OEuvres* de Boileau (Note N). Ce grand écrivain s'entendoit très bien en pastiches, comme on en peut juger aussi par celui qu'il a fait des vers de Chapelain (Note O), et qui en imite admirablement la rauque et barbare harmonie. Cette espèce de saute aux yeux du vulgaire, il n'est pas difficile de s'y tromper. Mais l'observateur qui s'attache à la pensée, et qui cherche inutilement sur la toile celle que le même sujet auroit suggérée à Raphaël, à Le Sueur, à Girodet, n'est pas long-temps dupe de l'erreur commune. Les têtes du Guide manquoient de rondeur, et Jordane le Napolitain s'exerçoit à ne faire que des têtes plates, qu'il vendoit fort cher aux curieux. Toutefois les tableaux de Jordane ont diminué de valeur, et les connoisseurs ne s'y méprennent plus guère, que je sache. Téniers avoit un talent rare pour les pastiches ; et Bon Boullogne, encore plus heureux que Jordane dans la contrefaçon du Guide, eut l'adresse de tromper Mignard lui-même, qui ne se vengea de sa supercherie qu'en l'engageant à faire toujours des Guides, et à ne plus faire de Boullognes. Si ces peintres sont encore connus, ce n'est cependant point par leurs *pastiches*. Ce genre n'annonce pas un talent qui s'élève le moins du monde au-dessus de la médiocrité, et j'ai connu en Allemagne un peintre qu'on ne croyoit pas capable de rien peindre de mieux qu'une enseigne, et qui réussit merveilleusement tout à coup dans l'imitation des beaux intérieurs d'église de Peter Neef.

Je n'appelle point *pastiche* la copie exacte d'un tableau : c'est une autre espèce de travail très nécessaire aux élèves

pastiche satirique a un avantage incontestable, puisqu'il fait ressortir le ridicule d'un mauvais langage ou d'un faux talent. Molière n'a pas dédaigné ce moyen dans *les Précieuses*, dans *les Femmes savantes*, dans *le Misanthrope*, où le jargon affecté de quelques cercles à prétentions, et les jeux de mots de quelques méchans poètes sont si plaisamment sacrifiés au bon goût. Rabelais lui avoit donné cet exemple dans sa grossière mais inimitable satire. Soit que les dis-

et souvent aux maîtres, et qui multiplie avantageusement pour le public, les bonnes et rares productions. Le talent du copiste exige plus de soin que celui de l'auteur de *pastiches*, qui annonce de son côté plus d'esprit et plus de feu ; mais le second est de pure curiosité, et le premier, d'une utilité réelle qui doit le faire considérer. Ce n'est cependant qu'autant qu'il n'est point accompagné de la prétention de tromper l'opinion des acquéreurs, cas dans lequel il devient aussi coupable que possible. A part cela, une copie ne sauroit être trop scrupuleusement semblable à son modèle, ce qui arrive rarement, parce qu'une copie parfaite devroit avoir, dans son exécution, au moins une partie du génie de l'auteur, et qu'il faudroit pour cela qu'elle sortît aussi du pinceau d'un grand maître. Tels sont, par exemple, ce beau portrait de Léon X, copié de Raphaël par André del Sarte, avec tant de perfection que Jules Romain, qui en avoit fait les habits, ne put distinguer la copie de l'original ; et ces paysages copiés du Poussin, où Nicolas le Loir fait admirer quelque chose de la touche sublime de son modèle.

cours de l'écolier limousin aient pour type *les Angoisses de dame Hélisenne de Crenne*, comme on l'a prétendu, soit, comme je le pense, que Rabelais en ait fait une critique générale de la manie de latinisme qui s'introduisoit alors dans notre langage, il est évident qu'on ne pouvoit pas attaquer plus ingénieusement le travers des écrivains à la mode. Aussi la même méthode a souvent servi depuis.

Il est à remarquer, et cette observation nous fournira même une théorie littéraire assez curieuse, que non seulement il est difficile de donner de l'étendue à un pastiche bien fait, mais encore que les ouvrages excellens sont ceux qui se prêtent le moins à l'art du pastiche. On contrefait sans peine quelque défaut remarquable, mais il faut d'autres facultés pour bien imiter des perfections. Cette vérité est d'une application universelle dans la morale comme dans les arts. Si le Guide a donné lieu à d'excellens pastiches, c'est qu'il négligeoit un effet d'ombre très-nécessaire et très facile à saisir. Il y a, au contraire, mille copies pour un pastiche de Raphaël, qui n'offroit à l'imitateur aucune défectuosité saillante de composition ou de dessin.

XII.

DES ÉCOLES EN LITTÉRATURE.

Rapportons cette idée à la littérature. Les grands hommes de tous les siècles se reconnoissent à un style à la fois noble et naturel, dont la beauté ne doit rien à des combinaisons artificielles et recherchées. Il est fort, énergique, imposant, ou doux, insinuant et agréable, selon la pensée qui en est revêtue, et non par le concours de certains mots ou le jeu de certaines figures. On pourroit dire qu'il est tissu d'idées et non pas d'expressions, tant le signe dont l'écrivain fait usage s'anéantit dans le sentiment qu'il exprime ! Ainsi ont écrit Virgile, Racine, Boileau, Fénelon. Je doute qu'on en ait jamais fait de bons pastiches. On y réussit mieux avec de très beaux génies presque du même ordre, mais qui ont affectionné certaines formes de style, comme des coupes singulièrement brusques, des désinences subites, des inversions inusitées, des réticences, des exclamations, ou tel autre genre de figures. Les enthousiastes de Cicéron sont parvenus quelquefois, comme je l'ai dit, à le suivre d'assez près dans quelques phrases. Il n'y a point de jeune homme avec quelque esprit, qui n'ait trouvé de temps en temps une tirade du goût de Lucain, ou une période pompeuse et sonore comme celles de Florus. On imite, jusqu'à un certain point, le style saccadé, rompu, apophthegmatique de Sénèque, et la concision énergique de Tacite, à cela près qu'il y a peu d'hommes qui puissent parvenir aussi aisément à égaler la vigueur de leurs hautes pensées qu'à rendre cette apparence dont ils les habillent; et, au total, ces pastiches ne tromperont que des esprits inexpérimentés ou distraits. Mais si un talent, plus audacieux que solide, entreprend de suppléer au défaut du véritable génie, par quelque innovation qui semble en tenir lieu au premier abord, et dont l'air étranger cause une espèce d'étonnement qu'on peut prendre pour de l'admiration, rien ne s'oppose alors à la parfaite ressemblance du pastiche, le secret de l'auteur contrefait étant tout entier dans quelque artifice de mécanisme ou de construction que chacun peut employer comme lui. Je ne crains pas de dire qu'il n'y a point de pierre de touche plus certaine pour distinguer un véritable mérite littéraire de celui qui ne doit son éclat qu'à une industrieuse combinaison de mots. Le vrai talent ne fonde point d'écoles. Les maîtres du style approchent plus ou moins les uns des autres, mais ils ne se ressemblent pas. Le langage de Virgile est autre que celui d'Homère, et celui de Milton diffère de tous deux, quoique tous trois soient presque également divins. Cette conformité de manières qui constitue les écoles, n'appartient qu'à la médiocrité. Voulez-vous donc juger d'un écrit éblouissant, et savoir avec bien de la précision s'il a entraîné votre opinion par des qualités propres et en quelque sorte intrinsèques, ou s'il ne doit son premier succès qu'à la déception causée par un appareil adroit? soumettez-le à l'épreuve du pastiche.

Il s'étoit élevé, par exemple, de notre temps, une école de prose et une école de vers, qu'il n'est peut-être pas inutile de signaler encore avant que le goût de nos neveux en ait entièrement fait justice. J'ai cependant si peu de droit de m'ériger en arbitre de ces matières, que je serois fâché que personne conclût rien de positif de mon opinion [1]; je la donne pour mienne et non pour

[1] La littérature a été pour moi un objet de douces études dans la jeunesse; dans l'âge mûr, elle m'a fourni des ressources honorables, mais je ne l'ai jamais regardée comme ma vocation, et, à plus forte raison, je ne l'ai jamais regardée comme mon talent. L'opinion que j'exprimois ici, et

bonne, laissant au jugement du lecteur à se fixer à son gré, après et non selon ce que j'ai à dire. Je préviendrai même, si je le puis, son sentiment sur les novateurs, par un témoignage que je me félicite de leur rendre : c'est qu'il faut convenir qu'ils sont venus dans un temps malheureux, c'est-à-dire vers la décadence d'une très belle littérature, où il n'y avoit plus de rangs bien éminens à prendre; de sorte qu'on doit leur savoir quelque gré d'avoir essayé de remplacer, par une innocente industrie, les ressources qui leur ont été ravies par leurs devanciers. Il est vrai qu'ils n'y parviennent point sans miner ainsi involontairement les restes de cette littérature, et sans en provoquer la chute entière; mais c'est une chose qui fait partie essentielle d'un ordre immuable, et qui a des

qui n'a plus maintenant d'application positive, est donc tout-à-fait sans valeur. C'est la simple expression de ma pensée juste ou fausse dont je m'abstenois dès-lors de tirer aucune allusion personnelle. J'honore tous les talens, et même toutes les émulations; l'émulation est toujours louable, ne fût-elle pas justifiée par le succès. Si l'on croit reconnoître les chefs des écoles que j'indiquois, c'est qu'il ne m'étoit pas possible de ne pas les laisser deviner. On ne sauroit définir un mérite aussi distingué que le leur sans le signaler clairement : c'est un privilége, et peut-être un malheur du génie. (N. N.)

exemples dans tous les siècles. Ainsi, et par les mêmes procédés, s'anéantit le génie des muses grecques dans l'école d'Alexandrie ; ainsi dégénérèrent les muses latines sous les vêtemens apprêtés et les ornemens factices dont les chargèrent Stace, et puis Ausone et Claudien. Les littératures ont une espèce de vie qui peut se comparer à celle des êtres animés ; elles commencent par un bégaiement imparfait, qui laisse cependant distinguer parmi ses articulations confuses quelques traits d'une grande pensée qui se développe peu à peu. Jeunes, elles ont le feu et l'inspiration ; adultes, la vigueur et la majesté ; plus vieilles, une maturité grave et imposante ; la décadence arrive après tout cela, traînante, débile et méconnoissable. En vain une main adroite voudra la rajeunir d'un fard encore inconnu, ou prêter à ses membres grêles et décrépits un secours trop tardif : sa foiblesse percera partout jusqu'à ce qu'elle succombe enfin sous le poids de ces joyaux barbares qui l'accablent sans l'orner. Oserois-je dire quelque chose de plus ? les hommes, de quelque esprit qu'ils soient, envoyés par le sort aux jours d'extinction d'une littérature usée, me semblent avoir la même mission que ces grands insectes des forêts, que la nature destine à hâter la division des arbres croulés et la corruption de leurs débris; ils croient édifier, et tous leurs travaux n'aboutissent qu'à détruire.

Ce qui fait le premier charme du style, et particulièrement dans la poésie, c'est la fraîcheur, la nouveauté, l'originalité des images; c'est cette fleur d'imagination que le temps fane si vite, et qui ne reprend plus sa grâce et son parfum une fois qu'elle est passée. A l'origine d'une langue ou d'une poésie, ce qui est peut-être la même chose, toutes les idées sont vives, brillantes, animées, et par conséquent toutes les sensations agréables et profondes. Au contraire de beaucoup d'institutions humaines, qui n'ont jamais plus d'éclat et de solidité apparente que quand elles vont tomber, celles-ci se dégradent en approchant de leur fin. La langue d'Ennius étoit déjà forte, éloquente, harmonieuse; le bas latin est le plus pitoyable jargon qui ait été employé par les hommes.

Les poètes qui se distinguent un peu de la foule par leurs talens, et qui arrivent trop tard pour jouir des avantages d'une poésie toute nouvelle, essaient de vaincre comme ils peuvent un obstacle qui tient à leur siècle, et qui ne prouve rien contre eux-mêmes. Quelquefois, peut-être, ce noble sentiment d'une véritable force parvient à produire des miracles ; mais ils sont très rares dans l'histoire de la littérature, et un grand poète dans une langue usée est une exception si remarquable, qu'elle est plus propre à confirmer la règle qu'à la combattre.

Au défaut du mérite extraordinaire dont il faut qu'un Alfieri soit doué pour renouveler sa poésie et sa langue, le poète se sert alors de moyens factices, qui produisent pendant quelque temps le même effet, mais qui s'épuisent plus vite encore que ceux que donnent la nature et le génie. Toutes les licences plaisent quand on les hasarde pour la première fois, parce qu'elles étonnent, et que, dans les sensations que produisent sur nous les ouvrages littéraires, il n'y a rien de plus près du plaisir que la surprise ; mais elles choquent dès qu'elles ont cessé d'être nouvelles. Bientôt le prestige est découvert, parce que la médiocrité maladroite en use sans grâce et sans esprit, et qu'elle laisse deviner ses moyens. Une autre innovation succède à la première, et ainsi de suite, jusqu'à ce que la source en soit tarie. Pendant ce temps, la véritable poésie, altérée par ces vaines métamorphoses, finit de vieillir, et meurt.

La décadence des littératures anciennes, en se mariant avec l'origine des littératures modernes, les avoit infestées, par exemple, de la plupart des défauts qui l'accompagnèrent. Ainsi Corneille emprunta son goût pour l'antithèse du vieil espagnol Lucain et du moderne espagnol Calderon. On convient que l'opposition de deux idées, qui est généralement un moyen sûr de frapper l'imagination, n'est pas à rejeter dans toutes les occasions; mais dès qu'elle laisse apercevoir la recherche et le travail, elle devient insupportable; et ce malheureux défaut, qui a perdu le beau talent de Balzac, nuit, aux yeux de bien des gens de goût, à la perfection du *Cid*.

Eh bien, quand, au bout d'un siècle, Voltaire essaya de raviver les ressources du langage poétique, l'antithèse, qui avoit dès-lors tout l'éclat de la nouveauté, après le long terme de son exil, se présenta d'abord à lui; la souplesse extrême de l'esprit du poète se plia facilement à cette figure symétrique et maniérée, qui a été ignorée d'Homère, dont on trouveroit difficilement quelques exemples dans Virgile, et qui ne se montre avec abondance que dans les littératures dégénérées; figure aussi incompatible avec la belle construction poétique, qu'elle l'est avec la vérité et la raison; qui brise, qui mutile, qui dénature la pensée; qui donne à la période un ton sec, uniforme, monotone; qui contraint l'esprit à s'occuper sans cesse de comparaisons et de contrastes, et qui déplaît par la prétention, même quand elle ne révolte pas par le défaut de propriété et de justesse. »

L'inconvénient de l'antithèse, inconsidérément prodiguée, frappa si universellement les lecteurs de *la Henriade*, que l'école poétique qui s'est formée depuis s'efforça de subvenir à son usage par d'autres procédés, ou du moins de le modifier par des innovations analogues. L'opposition avoit été jusque-là dans l'idée ou dans l'image; on s'avisa de la mettre dans les mots, ce qui est encore plus inconvenant et plus faux. Deux substantifs contrastés avec eux-mêmes aux parties extrêmes et aux parties moyennes d'un vers, comme les quantités d'une proposition arithmétique, parurent un des grands efforts de l'esprit humain. Ce n'est pas tout. On admiroit depuis long-temps dans Virgile, dans Corneille, dans Racine, de belles alliances de mots, et ces rapprochemens étoient en effet admirables, parce qu'ils n'étoient pas le fruit d'un travail aussi ridicule qu'ambitieux, mais la découverte du génie. Ce qui avoit été un bonheur rare pour ces grands hommes, devint pour leurs successeurs une bonne fortune de tous les momens; il ne s'agit plus que de marier, sans égard pour le sens commun, des expressions étonnées de se rencontrer ensemble, et d'attacher, à chaque mot qui naissoit sous la plume, un attribut dont il étoit suivi pour la première fois. Nos journaux n'eurent plus assez d'éloges, et nos Académies n'eurent plus assez de couronnes pour les heureux génies qui prodiguoient si aisément les beautés les plus rares de la poésie; et personne n'osa dire avec *Alceste*:

> Ce n'est que jeux de mots, qu'affectation pure,
> Et ce n'est point ainsi que parle la nature.

Tout ce faste ne rappelle-t-il pas celui de ces ambassadeurs des Barbares, qui arrivoient au sénat de Rome, chargés d'or et de perles, mais parmi lesquels on auroit inutilement cherché un orateur comme le paysan du Danube? Racine est plein de vers fort simples, qui sont sublimes de sentiment, et qu'on n'oseroit plus hasarder, maintenant que le premier hémistiche ne fait plus éclater l'ivoire de Mélinde sans que le second lui oppose l'or d'Ophir. Ce qu'il y a de pis, c'est que les soixante ou quatre-vingt mille mots d'une de nos langues, pouvant fournir pendant une longue suite de siècles à cette espèce de combinaison, il n'y auroit aucune raison pour que les générations poétiques ne se succédassent pas à l'infini, si un pareil désordre ne devoit tuer la langue et sa prétendue poésie avec elle. On conçoit du moins combien le pastiche de cette école est facile, et quel service il rendroit à la saine littérature, s'il étoit traité à la façon de Molière et de Rabelais. Je me souviens, en ce genre, de quatre vers sur la chaussure d'un curé de campagne :

> D'un indigo foncé l'onde dépositaire,
> Avoit teint ses bas blancs d'un azur adultère.
> Des neiges de janvier l'albâtre accusateur
> Ternit de son éclat leur éclat imposteur.....

et je regrette que l'homme d'esprit qui s'y jouoit n'ait pas poussé la plaisanterie plus loin ; car les bouts rimés de nos jours méritent bien à la fin une aussi rude guerre que ceux que Sarrazin a vaincus [1]. En attendant, nos versificateurs

[1] Je retrouve un autre exemple de ce genre de pastiche qui ne me paroît pas moins heureux :

> Ami, tu seras cher à la nouvelle école,
> Qui sur des tons divers module la parole ;
> Dont le chef renommé tient une plume d'or
> Qui va, vole, revient, vole et revient encor,
> Et mettant à profit l'air, la terre et les ondes,
> A sa fin sonore enchaîne les deux mondes.

Si ces plaisanteries ont beaucoup perdu de leur sel, c'est que l'école qui en étoit l'objet a beaucoup perdu de son cré-

entassent les uns sur les autres les pastiches qu'ils font d'eux-mêmes ; car on ne peut pas appeler autrement ces trois ou quatre cents poëmes pygmées, qui paroissent tous écrits sous la dictée du même auteur, sur le même plan, et, qui plus est, sur les mêmes rimes ; conformité si frappante, qu'il est impossible d'en lire un qu'on ne puisse attribuer à l'auteur de l'un des autres, et que l'Académie même, embarrassée dans son admiration, laisse flotter son choix sur une vingtaine d'auteurs. Je doute que Racine et Boileau eussent éprouvé le même embarras dans le même sens.

Les innovations qui se sont introduites dans la prose ne sont pas moins remarquables et pas moins faciles à saisir par le compositeur de pastiches. Comme si le style qui avoit encore été animé de tant d'esprit par Montesquieu, de tant de majesté par Buffon, de tant d'éloquence et de feu par J.-J. Rousseau, s'étoit trouvé insuf-

dit, ou, pour mieux dire, qu'elle a entièrement disparu dans les quinze ans qui se sont écoulés entre la première publication de ces remarques alors si téméraires et leur réimpression actuelle : c'est dire assez qu'on ne les conserve ici que comme une pièce à l'appui de l'histoire littéraire des premières années du dix-neuvième siècle, et voilà ce que c'est que l'*immortalité* des écoles qui se forment à la décadence des peuples. (N. N.)

fisant tout à coup pour rendre les nouvelles conceptions de leurs successeurs, on l'a échangé contre je ne sais quel langage qui retentit longtemps dans l'imagination, sans rien porter à l'intelligence, et pour lequel semble avoir été trouvée cette excellente définition :

Sunt verba et voces, præterea que nihil.

D'abord on a relevé la prose, non par le choix des pensées et la propriété des expressions, comme l'ont fait les grands maîtres, mais par une espèce de vernis poétique tout-à-fait étranger à son caractère, par des inversions qui la torturent, par une recherche de coloris qui la déguise et qui ne l'embellit point. Bossuet, que la matière de ses grandes méditations ramenoit souvent à l'étude des livres primitifs, et qui a pour ainsi dire fondu dans son style celui de la sainte Écriture, Bossuet avoit employé rarement quelques pluriels inusités, qui jetoient dans sa phrase un air de pompe et de solennité très extraordinaire. Ce petit secret est devenu l'instrument le plus fastidieux du style moderne. Aucun substantif au singulier n'a osé se présenter dans la prose soutenue ; le pluriel lui-même ne s'est guère hasardé à y paroître sans être appuyé d'un collectif emphatique ; les fondres ne grondent plus qu'au milieu de tous les orages et de toutes les tempêtes ; le zéphyr ne frémit plus que parmi toutes les solitudes ; et l'on ne voit plus le désert sans toutes ses brises, ni la mer sans tous ses rivages [1].

Pascal avoit trouvé, de son côté, l'art d'augmenter la majesté d'un sentiment en le faisant

[1] Il est à remarquer que notre grand prosateur moderne, qui connoît si bien la propriété hyperbolique du pluriel, et qui en a vu de si fréquens exemples dans la Bible, donne quelque part l'*Elohim* du commencement de la Genèse pour une preuve authentique de la Trinité, quoiqu'il ne soit réellement dans la phrase poétique de l'Écriture que cet artifice de mot qui relève la valeur du substantif, en lui prêtant une extension indéterminée de nombre. Le collectif *les dieux* s'est toujours pris pour l'unité dans le style poétique. L'auteur du *Génie du Christianisme* a lu cent fois cette expression dans Platon, dans Xénophon, dans Cicéron, dans tous les philosophes qui ont reconnu l'unité de Dieu ; nos poètes mêmes s'en servent, et, qui pis est, dans des poèmes chrétiens. La pluralité a toujours été un nombre majestueux, solennel, et très convenable à la puissance suprême. Le roi d'Espagne s'appelle *moi*, par une exception fort rare, mais nos princes se sont toujours appelés *nous*. Il seroit aussi hasardé de faire d'*Elohim* une preuve de la Trinité, que de conclure du *nous* des vieux édits, que nous avions deux Rois comme à Sparte. Il y a loin cependant encore du style de la chancellerie à celui de Moïse : j'aime à croire que la Trinité se prouvera bien sans tout cela ; et j'aimerois encore plus à voir que les gens de lettres ne se mêlassent plus de ces questions, qui ne les concernent guère.

contraster en quelque manière avec la simplicité, et quelquefois la trivialité de l'expression. Fénelon, et quelques autres écrivains d'une âme douce et sensible, ne réussissoient pas moins bien à *attendrir* leur style, si je puis m'exprimer ainsi, en laissant tomber dans la contexture même de la période, une courte réflexion qui ramenoit le lecteur à quelque affection touchante et habituelle. C'étoit surtout l'art de La Fontaine. Ces deux moyens, moins mécaniques que le précédent, n'ont pas engendré un moins grand abus; et ce qu'il y a de malheureux, c'est que de beaux talens même ont donné l'exemple de cette prostitution de style, en les mettant à tous les emplois, et en livrant ainsi au vulgaire les mystères de la langue du génie. Ajoutez à cela quelques petits lambeaux du style le plus aisé de tous, du style descriptif, et vous saurez ce qu'on appelle maintenant le métier en littérature; car cette expression avilissante, usitée en peinture pour la partie purement matérielle de cet art, devoit naturellement se transporter au servile mécanisme dont je parle. Ceux qui l'emploient ont, en apparence, un moyen de justification bien spécieux : Eh quoi! disent-ils, que peut-on blâmer dans nos écrits? Ce tour est de La Bruyère; cette inversion qui vous révolte est calquée sur celle-ci que vous admirez dans Fléchier; cette locution que vous condamnez est tirée des *Provinciales* ou des *Oraisons funèbres*. — J'en conviens avec vous; mais ne nous exposez plus à critiquer dans vos ouvrages l'auteur des *Oraisons funèbres* ou des *Provinciales*. Songez que telle chose qui, avec tous ses points de liaison, et, pour parler comme vous, avec toutes ses harmonies, a pu être parfaitement belle chez eux, est chez vous extrêmement déplacée. Rappelez-vous que les mots et par conséquent les tours qui en sont formés, ou les figures qui en résultent, ne sont que des vêtemens de la pensée, qui n'ont aucune beauté propre, et qui paroissent sublimes ou ridicules, selon l'image ou le sentiment qui en est habillé. Le marbre de Carrare est une des plus belles productions de la nature; mais un fragment de cette pierre peut être fort mal à sa place dans une mosaïque.

Je répète avec plaisir, et la mauvaise foi seule diroit le contraire, que parmi les fondateurs de ces déplorables écoles, il se trouve des talens admirables; car il faut, à toute force, un très beau talent pour donner de mauvais exemples en littérature. Mais pour un écrivain qui se fait pardonner à force de beautés une dangereuse innovation, combien d'autres qui la chargent, qui l'exagèrent, qui la rendent irrémédiable, et qui n'ont rien pour la justifier! Le premier a du moins assez d'esprit pour cacher à la foule des lecteurs la nouvelle ressource sur laquelle il édifioit les espérances de sa gloire; mais le public, bientôt détrompé, s'étonne enfin de n'avoir applaudi qu'à des pastiches; car il est impossible de caractériser ce genre autrement. Les juges à la mode auront beau s'extasier devant ces pages surprenantes, et s'écrier à l'envi : Voilà du Fénelon, voilà du Bossuet; ceci rappelle Homère, et cela Isaïe. Oui, sans doute, leur répondrai-je, comme les têtes plates de Jordane rappeloient le Guide. L'auteur de tout ce sublime pourroit être un homme fort médiocre, mais assez heureux dans le pastiche.

Pendant que j'en suis à ces curiosités, qui n'ont jamais été traitées, au moins à ma connoissance, j'ajouterai à ce que je viens de dire de ce caractère essentiel de la médiocrité qui est de prêter beaucoup plus au pastiche que le beau, qu'il est également du caractère d'un vrai talent de ne pas s'accommoder avec facilité au genre du pastiche, soit qu'on en fasse l'objet d'un travail sérieux, soit qu'on n'y voie qu'une matière d'exercice et de divertissement, comme Boileau ; et si la supériorité de celui-ci a daigné descendre à cet amusement, dans quelques circonstances, avec beaucoup de succès, je crois qu'il faut attribuer cette exception à l'étude particulière qu'il avoit faite des différens styles et de leurs défectuosités, pour se former ce goût supérieur qui l'a élevé à un rang si distingué parmi les écrivains de son temps. En effet, ce n'est pas le signe d'un mérite réel, que d'aller dépouiller les anciens des perfections qui les recommandent à l'admiration générale, pour dérober sous ce travestissement quelques uns de leurs avantages, et obtenir ainsi, à la faveur de la fraude, les suffrages qu'ils ne devoient qu'à un naturel ingénieux et profond. Les talens distingués sont d'ailleurs accompagnés de je ne sais quoi de naïf et d'original qui s'arrangeroit mal de cette espèce de servitude ; et je suis porté à croire, d'après cela, toutes les fois que j'entends dire, à la louange d'un style en particulier, qu'il a l'apparence de tel autre, tout parfait que soit ce dernier, qu'il s'agit d'un pauvre style et d'un pauvre auteur. Qu'on lise tous les grands écrivains de tous les temps, on verra que le style qui repose sur des principes si simples, est cependant aussi susceptible de modifications différentes que les traits du visage et l'expression des physionomies. De la même manière que la combinaison de cinq ou six traits a produit le beau parfait dans le Jupiter de Myrron, dans l'Hercule Farnèse, dans l'Apollon, dans le Phocion, dans la Vénus, sans qu'aucune de ces figures ressemble à l'une des autres, les combinaisons de la pensée ont produit le beau du style, avec une perfection également accomplie, et pourtant toujours diverse. L'appropriation des termes aux idées étant le véritable secret du style, elle doit être le principal motif de ses diversités; mais le caractère de chaque écrivain y influe encore d'une manière si forte, qu'on peut dire qu'un écrivain qui n'a point de style propre n'a point de caractère propre; et c'est en ce sens surtout qu'est exactement judicieuse cette proposition : *que le style est tout l'homme.* Voilà qui est si universellement reconnu, qu'il ne seroit pas permis de croire qu'un seul des innovateurs en eût douté, et ils n'ont même innové que pour cela; mais ils ont cru se faire un style original en renouvelant des moyens usés, ou en prodiguant des moyens qui n'avoient jamais été employés qu'avec économie, et c'est ce qui les a trompés. Ils vouloient se donner pour inventeurs, et ils n'ont fait que des parodies.

En un mot, les maîtres de la littérature ont *un style*, les écoles ont *une manière*, et c'est ce qu'attrapent comme ils peuvent la plupart des écrivains qui, encore une fois, n'ont point de style à eux. L'homme qui se livre à l'art d'écrire, par l'effet d'une inspiration toute puissante, imprime son sceau à ses ouvrages ; l'esprit médiocre qui suit cette carrière par manie, ou par spéculation, ou, ce qui est plus excusable, peut-être, pour occuper sa vie d'une distraction agréable et innocente, leur imprime une foible contre-épreuve du sceau des autres, parce que la nature ne lui en a point donné ; mais il est impossible qu'à force d'étudier et d'écrire, il ne se fasse une routine qui lui tient lieu de quelque talent, et qui consiste tout bonnement à mouler son style sur celui dont le type s'est gravé fraîchement dans sa mémoire : voilà ce que j'appelle un pastiche naturel ou involontaire. Il y avoit à la fin du siècle dernier un pauvre auteur de romans fort bizarres, dont la fureur étoit de correspondre avec tous les hommes de génie du temps. Comme ses lettres restoient presque toujours sans réponse, il prenoit le parti de s'en faire lui-même, et il y mettoit un art si admirable, que J.-J. Rousseau, lisant dans une feuille publique un de ces singuliers pastiches qui lui étoit attribué, n'osa pas affirmer qu'il n'étoit pas réellement de lui; chose d'autant plus remarquable que le style ordinaire du falsificateur étoit bien loin de celui de Rousseau, qu'il avoit si heureusement imité dans cette occasion. Il n'avoit d'autre moyen pour produire cet effet, qui lui manquoit rarement, que de lire avec obstination et sans donner aucun repos à son esprit, pendant plusieurs jours de suite, quelques pages de l'auteur qu'il vouloit contrefaire. Au bout de ce temps, il mettoit ses idées en ordre, et la couleur qu'il y appliquoit paroissoit tirée de la palette de son modèle. Il le réfléchissoit ensuite comme cette pierre de Bologne, qui, après s'être pénétrée tout le jour des rayons du soleil, en conserve encore quelque lueur assez avant dans la nuit. C'est ainsi que Campistron ressemble à Racine, et Ramsay à Fénelon; c'est ainsi que ressemblent à quelqu'un tous les écrivains du second ordre, car au-dessous du premier ordre des écrivains, il n'y a plus que des styles empruntés.

Je ne dis point pour cela qu'il ne soit pas utile à l'écrivain le plus distingué d'étudier les modèles du style, et qu'il n'en puisse pas tirer un grand avantage; car, indépendamment des secrets particuliers du style, qui sont propres à tel ou tel auteur, il y a des beautés bien plus générales, qui sont communes à un grand nombre, et qui ne s'apprennent que par l'habitude de leurs ouvrages. La fréquente lecture d'Amyot et de Montaigne est, par exemple, une fort bonne initiation à l'art d'écrire, parce que les tours et certaines des expressions de leur temps, ont une naïveté, une richesse ou une énergie auxquelles notre langue actuelle atteindroit difficilement. On dit de beaucoup d'illustres auteurs qu'ils avoient copié plusieurs fois, celui-ci Thucydide, celui-là Tite Live, un autre Machiavel ou Montesquieu. Racine savoit par cœur l'ingénieux roman de *Théagène et Chariclée*; et qui sait si nous ne devons pas à cette inclination de sa jeunesse quelques uns des traits tendres et touchans dont il a orné son admirable poésie? Qui sait si l'éloquence républicaine de Rousseau n'a pas été nourrie par la lecture de Plutarque, si chère à son enfance? Voltaire avoit toujours sur sa table *les Provinciales* et *le Petit Carême*. Dans la préface d'un nouveau fabuliste, qui tomba dernièrement entre mes mains, l'auteur s'excuse de n'avoir appris qu'à l'instant de l'impression de son livre, qu'un certain M. de La Fontaine s'étoit distingué dans le même genre. Pour cette espèce d'originalité, je la trouve par trop fière, et je sais mauvais gré à ce poète naïf de n'avoir pas connu son maître, quoiqu'il vaille mieux toutefois ne pas le connoître, que de le refaire comme on l'a tenté. Ce grand siècle est un peu vandale.

XIII.

DES STYLES SPÉCIAUX ET DE LA MANIÈRE.

Comme il y a une manière très reconnoissable dans chaque école, on peut dire aussi qu'il y a des styles *spéciaux*, des styles *professionnels*, sur lesquels les écrivains se traînent servilement depuis l'origine de la langue, et dont l'uniformité peut tromper le goût le plus sûr. C'est particulièrement dans les sciences, et par exemple dans cette vaine étude de la bibliologie, que toutes les formules paroissent irrévocablement consacrées, et qu'il est impossible d'être soi. Bayle, à qui l'on attribuoit les *Considérations sur la critique des loteries de M. Leti*[1], emploie, pour s'en justifier, des observations qui ont trop de rapport avec celles-ci, pour que je néglige de m'en enrichir en pas-

---

[1] Elles étoient de M. Ricotier, le traducteur de Clarke.

sant. « Un jeune homme qui n'a pas encore de
« style formé, dit-il, prend aisément l'air d'un
« auteur qu'il vient de lire : celui-ci avoit peut-
« être passé deux ou trois mois de suite à cou-
« rir tout mon *dictionnaire*. A son âge, la mé-
« moire est tenace et s'imbibe aisément de ce
« qu'on lit; et si de son naturel il goûte mes
« maximes et mon caractère, il s'en emplit et
« s'en coiffe; et se mettant là-dessus à compo-
« ser, il fait presque ce que fait un peintre qui
« copie. Il m'est arrivé à cet âge-là que si j'écri-
« vois quelque chose après avoir lu tout fraî-
« chement un certain auteur, les phrases de
« cet auteur-là se présentoient à ma plume sans
« même que je me souvinsse distinctement de
« les y avoir lues. » OEuvres, t. IV, p. 754.
A quoi il devoit ajouter que cette considération
très vraie, ne l'est jamais plus absolument que
pour les livres de faits ou de critique verbale,
qui n'ont, comme je l'ai dit tout à l'heure,
qu'une forme à peu près donnée. Je sens très
bien en m'amusant à recueillir ces inutiles souvenirs dont ma mémoire étoit chargée, pour
remplir du moins de quelque étude les heures
d'une solitude oisive, qu'ils me transportent à
l'époque de mes anciennes lectures, et redon-
nent à mon esprit l'allure des vieux bibliologues

que j'ai depuis si long-temps perdus de vue; mais je l'apprécie sans l'éviter, et je me livre de gaîté de cœur à leurs digressions sans fin, à leur babillage diffus, à leurs méditations vides et pesantes. Le livre infructueux qui naît sous ma plume ira, comme les leurs, augmenter la foule de ceux qu'on oublie; et la matière en est si peu de chose, qu'il ne mérite pas plus de peine pour la façon. Je suis assez content de lui s'il est digne d'être regardé comme un pastiche du plus mauvais des compilateurs, comme le plus foible appendice de l'indigeste fatras de Baillet.

XIV.

DE LA CONTREFAÇON.

Je ne quitterai cependant pas ce sujet sans entretenir le petit nombre de mes lecteurs de ces supercheries matérielles, dont quelques auteurs ou quelques libraires se servent pour donner du débit aux livres, matière abondante et riche à traiter, mais dont je me contenterai de tirer quelques détails piquans sans être neufs, qui toutefois n'allongeront pas trop cet écrit. Dans ce nombre, je ne parlerai pas de la contrefaçon, genre de vol justement prévu par les lois, et que sa bassesse rend indigne d'être l'objet d'une discussion littéraire. Je me bornerai à en distinguer deux espèces qui se font au moins remarquer par quelque mérite, au lieu que la plus grande quantité des contrefaçons joignent à l'infamie d'une action si honteuse, le désavantage d'une exécution très fautive. La première est celle qui est calquée si exactement sur l'original, qu'on ne parvient qu'avec beaucoup de difficulté à l'en discerner, ce qui la rend presque équivalente pour le lecteur, et par conséquent infiniment plus dangereuse que celle qui offense ses yeux par des incorrections choquantes. La seconde est celle qui enrichit l'original d'additions intéressantes, ou qui relève le mérite de son exécution typographique par des embellissemens nouveaux. Les ouvrages des bibliographes en produisent assez d'exemples.[1]

XV.

DES FAUX MANUSCRITS.

La plus ancienne ruse que l'histoire de la typographie présente à ma mémoire est celle

---

[1] Ce sujet me rappelle des vers assez piquans, que je rapporterai ici, parce que l'ouvrage d'où ils sont tirés doit être d'une extrême rareté. Il est intitulé *Encomium Chalcographiæ, poema elegiacum, in typographiæ laudem, Joannis*

que l'on attribue à Fust ou Faust, associé de Guttemberg, qui vint, dit-on, vendre à Paris, au taux et sous l'apparence des manuscrits ordinaires, les premières Bibles de Mayence. On ajoute que la conformité des caractères de ces prétendus manuscrits, et le rapport exact de leurs pages, firent présumer qu'il y avoit quelque chose d'étrange dans leur composition, et cela étoit vrai ; mais comme tout ce qui parois-

Arnoldi Bergellani, Moguntiæ, 1541, in-4°. Cette citation prouvera que la question des inconvéniens et des abus de la presse n'étoit déjà plus nouvelle avant la fin du premier siècle de cette belle invention :

Adde quod hæc furtis agitur res sæpe nefandis
  Ac nihil intactum gens malè sana sinit.
Hic nova dum rerum versat volumina prælis,
  Somnia monstrosæque novitatis habent ;
Surripit hæc alius, jam vix incude retacta,
  Subjicit et prælis turpia furta suis.
Quin etiam volitant, ut noctua, nocte, libelli,
  Qui lucem fugiunt, nominibusque carent.
Cornua fronte gerunt, armata est dextera ferro,
  Et tabo linguæ candida corda petunt.
His non justitiæ, nec recti candor in ore est,
  Conviciis horum pagina nulla vacat.
Ut nova sola placent stolidi mendacia vulgi,
  Sic vitiis fervet mundus ubique novis.
Has lector, si pectus habes, fuge, diffuge Syrtes,
  Et portûs tuti littora tuta lege.
Ac patulas aures, exemplo fortis Ulyssis,
  Summove, ne blando detineare sono.

soit étrange à cette époque paroissoit en même temps surnaturel à des esprits aveuglés par la superstition, qui attribuoient beaucoup de pouvoir au démon, et qui n'avoient pas d'idée de celui du génie, Faust fut considéré comme sorcier, et manqua d'être traité comme tel. Il se sauva, et l'imprimerie triompha dès sa naissance du fanatisme qu'elle devoit un jour anéantir. C'étoient en effet de puissans magiciens que ces inventeurs de l'imprimerie, qui alloient exercer sur le sort du monde une influence toujours croissante et à jamais indestructible ; mais ils pressentoient à peine les miracles que leur découverte devoit opérer, et l'ignorance hargneuse des inquisiteurs les pressentoit encore moins. S'il en avoit été autrement, le beau présent que Guttemberg offroit à la postérité seroit sans doute perdu pour elle.

XVI.

DU PLAGIAT DE TITRES.

Je n'ose pas qualifier du nom de supercherie le soin qu'ont les auteurs et les libraires de s'emparer des titres à la mode, pour profiter de la curiosité du public, fixée par un ouvrage remarquable, et qui en cherchent partout l'équivalent, comme cet imprimeur qui sollicitoit tous les écrivains de sa connoissance de lui faire des *Lettres persanes*. Les *Caractères* de La Bruyère ont en quelque sorte enfanté une foule de livres intitulés *Caractères*, qui n'ont pas partagé leur longévité, mais qui se sont très bien vendus dans le temps. Du mien, j'ai vu débiter de gros volumes intitulés *Génie* où il n'y en avoit point du tout, à la suite d'un livre heureux où il y en avoit beaucoup. C'est encore pis aux théâtres, qui se dérobent réciproquement des sujets en vogue pour avoir leur part de l'engoûment général ; mais, en résultat, c'est un plagiat de bien peu d'importance que celui d'un titre, et tout différent de celui de la plupart des voleurs littéraires, qui n'ont que le titre à eux¹ ; c'est même, le plus souvent, une maladresse ambitieuse, et qui fait mieux

---

¹ La justice n'en a pas toujours jugé comme moi. Elle a condamné comme vol *le plagiat de titre*, dans l'affaire du *Dictionnaire de l'Académie* ; mais tout se compense, et *le plagiat d'ouvrage* est traité avec assez de douceur. Cela ne prouve pas que la *justice* ne soit pas *juste*, mais seulement qu'il n'y a point de jurisprudence en cette matière. Ce qu'il y a de fâcheux dans l'affaire dont je parle, c'est qu'en attendant le dictionnaire que de savans hommes nous ont en vain promis, nous en sommes réduits à celui de l'Académie, qui est, encore une fois, une assez méchante

remarquer la nullité de l'auteur qui la commet. Je connois beaucoup d'*Essais dans le genre de Montaigne*, et pas un de ces livres qui soit lu. Tout le monde écrit des *Maximes*, et on ne voit que La Rochefoucauld dans les bibliothèques. On parloit, il y a quelque temps, d'un modeste rimeur qui se proposoit d'imprimer des tragédies *dans le goût de M. Corneille*. Je ne le lui conseille pas.

Parmi ces emprunts habiles, il y en a peu de plus remarquables et qui aient eu plus de succès que celui qu'a fait Chrétien Kortholt, du titre du fameux livre *De tribus Impostoribus*, pour son pamphlet contre Herbert de Cherbury, Hobbes et Spinosa. Soit qu'il l'en ait revêtu par hasard, soit qu'il ait calculé l'effet qui en devoit résulter; il a réussi à donner à son livre une vogue et un débit qu'il n'auroit jamais obtenus par lui-même. Ce n'est pas la seule fois, au reste, si ma mémoire est fidèle, que l'astuce a levé ce tribut sur la curiosité ignorante; et je crois me

compilation. Celui qu'on a traité de contrefaçon vaut beaucoup mieux sans valoir beaucoup; mais sa destinée fait voir qu'il faut être soi le plus qu'on peut, et que s'il est malhonnête de mettre le travail des autres sous son nom, il est très maladroit de mettre son propre travail sous le titre qu'ont employé les autres.

souvenir qu'un libelle du même titre fut écrit en France contre trois philosophes, du nombre desquels étoit Gassendi ; mais il paroît que sa fortune a été moins heureuse.

XVII.

DE LA SUPPOSITION DE LIVRES.

Puisque l'histoire des supercheries littéraires m'amène au livre *De tribus Impostoribus*, dont l'existence a été l'objet d'une excellente dissertation négative de M. de La Monnoye, et qui, cependant, paroît depuis quelque temps dans les ventes, je ne perdrai pas l'occasion de chercher à éclaircir un peu la ruse dont il est l'objet. On sait combien ce singulier ouvrage a excité de discussions dans la littérature, et la dissertation dont je viens de parler ne laissera d'ailleurs rien à désirer sur cette matière. Il est difficile de n'en pas conclure que ce traité est un de ces livres dont le titre seul a existé (du moins jusqu'à nos jours); qu'un mot d'un prince célèbre en avoit pu fournir l'idée, mais qu'aucune plume n'en dut hasarder l'exécution, à l'époque où une telle liberté auroit été trop dangereuse ; que, sur le bruit qui s'en étoit vaguement répandu dans une certaine classe de gens de lettres, on lui prêta une réalité toutefois impossible; que si l'on alla jusqu'à nommer les imprimeurs qui l'avoient publié, et qui donnoient quelque lieu à cette accusation comme incrédules et comme habiles gens (les Wechel entre autres), ce fut sans étayer cette opinion d'aucune autorité suffisante; mais que penser alors des exemplaires de ce traité qui sont actuellement connus, et dont la date se rapporte assez bien à l'époque où il a dû paroître, suivant toutes les hypothèses? Cette découverte ne détruit-elle pas les raisonnemens les plus spécieux, et reste-t-il quelque chose à dire contre l'existence d'un livre qui se reproduit dans plusieurs catalogues de suite? Cette question exige une solution double. Oui : il existe un traité *De tribus Impostoribus*, dont les exemplaires paroissent extrêmement rares; non : le traité *De tribus Impostoribus*, qui a occupé les bibliologues du dix-septième siècle, n'existe pas.

J'ai possédé dans mon enfance un exemplaire de ce livre, entièrement conforme à la description qu'on donne de ceux qui ont passé dans les ventes : c'étoit un petit in-8° de 46 pag. et deux pour le frontispice, imprimé en Saint-Augustin romain, sur un papier de très peu de consistance, vieux, brun, et peut-être un peu bistré; ce que je n'ai pas essayé de vérifier alors: il portoit, sans autre indication, la date de 1598, que certains bibliographes ont regardée, je ne sais pourquoi, comme figurant celle de 1698. Il n'est certainement pas plus de cette dernière date que de l'autre, quoiqu'il y ait bien eu quelque raison pour que la supposition en eût lieu à cette époque. D'abord, la reine Christine de Suède avoit offert, plusieurs années auparavant, trente mille livres à quiconque lui en pourroit procurer un exemplaire, motif d'émulation très capable d'exciter l'industrie des falsificateurs. Ensuite, la liberté d'esprit, et, en certains pays, celle de la presse, étoient alors à leur comble. La Hollande et l'Allemagne regorgeoient de hardis réfugiés, pour qui ce travail auroit été un jeu; et quoiqu'il y ait toujours eu plus de difficulté à attaquer une ou deux religions en particulier, que toutes les religions à la fois, on ne voit pas que l'impression de ce livre ait pu offrir beaucoup plus d'obstacles que celle des audacieuses théories d'Hobbes et de Spinosa; mais il est bien certain, d'un autre côté, que le traité *De tribus Impostoribus* n'a jamais été livré à la reine Christine; il est malaisé de croire que s'il eût été imprimé dès-lors, au plus petit nombre d'exemplaires qu'on puisse supposer, il n'en fût pas parvenu quelque chose à La Monnoye, dont la dissertation n'a dû paroître que quelques années après. Enfin, comment expliqueroit-on qu'il eût échappé aux recherches des savans bibliographes du dix-huitième siècle, des Prosper Marchand, des Sallengre, des David Clément, des Bauer, des Vogt, des De Bure, et de mille autres, et qu'il ne se fût rencontré dans aucune de ces immenses et curieuses bibliothèques dont nous avons les catalogues? On sait qu'il a été tiré à un certain nombre d'exemplaires qu'il n'est pas bien possible de déterminer, mais dont quatre ont pour moi toute l'authenticité nécessaire : celui de M. de La Vallière, celui de M. Crévenna, celui de M. Renouard, et le mien. Peut-être même, à l'heure où j'écris, cette quantité est-elle fort augmentée. Or, des livres uniques, selon l'opinion la plus générale, comme le fameux ouvrage de Servet, la première édition du *Cymbalum mundi* de Desperriers, le *Fléau de la Foi* de Geoffroi Vallée, et l'*Histoire de Calejava* de Gilbert, ont été annoncés et vendus de notoriété publique. On ne concevroit donc pas ce qui auroit retardé l'apparition de celui-ci, dans le cas où il seroit réellement fort antérieur à la fin du dix-huitième siècle. Une note écrite par un amateur connu sur son exemplaire du catalogue de La Vallière, annonçoit que ce livre avoit été fabriqué par le duc, de concert avec l'abbé Mercier de Saint-Léger, bibliographe habile et très capable de prévoir avec adresse toutes les circonstances qui pouvoient dénoter la falsification; et M. Renouard a pris la peine de les justifier de cette fourberie, indigne, dit-il, du plus éhonté brocanteur; mais ce qui paroîtra sans doute fort remarquable, c'est qu'il n'a appuyé son système de défense que sur d'autres conjectures, et qu'il est évident, d'après les termes de son catalogue, qu'il ne savoit pas précisément lui-même à quoi s'en tenir sur la date et l'origine du trésor bibliographique dont il est possesseur. Ce qu'il croit devoir ajouter, c'est que la supercherie attribuée au duc de La Vallière et à Mercier de Saint-Léger est suffisamment démentie par ces mots écrits au commencement de son exemplaire; *Ex libris Frid. Allamand, dono Abrah. Vallotton, Roterodami*, 1762, et qui sont d'une date antérieure à la prétendue falsification dénoncée par M. de Maucune; j'avoue que cette induction ne m'auroit pas complétement satisfait, si je n'avois eu occasion d'en vérifier depuis toute l'exactitude : mais si j'ai laissé cette question en suspens dans la première édition de cet ouvrage, à une époque où j'étois privé de tout moyen d'éclaircir mes doutes, et où je ne pouvois puiser que dans ma mémoire les foibles illustrations de mon livre, par quelle fatalité se fait-il que personne n'ait achevé de l'éclaircir, et que trois éditions consécutives de l'excellent *Manuel du Libraire* de M. Brunet n'aient pas même dissipé les ténèbres si transparentes, si légères, si *visibles*, pour s'exprimer comme Milton, qui l'ont couverte jusqu'ici? Que dis-je? M. Barbier, loin d'être détrompé par M. Renouard, a consacré un assez long paragraphe de sa dernière édition du *Dictionnaire des Anonymes* à les obscurcir autant qu'il étoit en lui, en insistant sur la fable inadmissible de M. de Maucune, et, chose étrange, ce paragraphe est terminé par une citation jetée sans intérêt et sans conséquence, et qui dément positivement tout ce qui précède, car elle contient la seule chose vraie qu'on ait jamais dite sur ce sujet. Seulement cette notion a échappé à l'écrivain, parce que, préoccupé d'une idée systématique dont il s'étoit fortement pénétré, il s'est cru assez sûr de son fait pour résister à l'évidence même. Voilà justement comme on fait de la philologie en France. Arrêtons-nous donc à quelque chose de positif. Il est prouvé de la manière la plus irréfragable, par l'opinion de tous les savans amateurs, de tous les bibliographes, de tous les philologues d'Allemagne, et c'est une chose qui y est connue depuis plus de soixante ans, que tous les exemplaires du livre *De tribus Impostoribus* qui appartiennent à l'édition que nous avons décrite au commencement de ce chapitre, ont été imprimés vers l'année 1753, aux frais et par les soins de Straubius, libraire de Vienne, qui fut pour ce fait jeté et long-temps détenu dans les prisons de Brunswick, après en avoir vendu un certain nombre au prix de vingt pièces d'or, et davantage. On comprend très bien par là que M. Allamand ait pu en posséder un exemplaire en 1762, et par là aussi se trouve détruite l'imputation faite à la mémoire du duc de La Vallière et de l'abbé Mercier de Saint-Léger, et renouvelée inconsidérément par M. Barbier. Cette particularité n'est pas d'ailleurs purement traditionnelle dans le pays; elle y est consacrée par tous les témoignages qui peuvent lui prêter une authenticité irrécusable, et on la lit dès l'année 1763, dans la *Bibliotheca historica lit-*

terariæ selecta, de Jugler, tome III, page 1665, où elle n'est pas énoncée moins affirmativement qu'ici.

Il est probable que l'exemplaire de ce livre qui appartenoit au duc de La Vallière excita quelque doute, puisqu'il ne fut vendu que 474 l., prix considérable, mais qui ne paroît pas fort élevé pour un livre de cette considération, encore unique, et dont l'existence étoit depuis long-temps contestée. Celui de M. Crévenna fut probablement retiré; du moins je n'en ai jamais vu le prix sur son catalogue, qui m'est souvent tombé entre les mains; et on peut soupçonner que la vente en fut empêchée par la modicité des enchères. Ce qu'il y a de certain, c'est que ce livre, à le considérer comme falsification, et, tout rare qu'il soit, ne mérite qu'une considération fort commune, surtout maintenant que les raisonnemens du déisme ont été rebattus jusqu'à satiété dans des ouvrages beaucoup plus solides. J'avoue qu'il en seroit autrement si l'édition supposée du seizième siècle étoit réelle, et qu'on pût l'attribuer à un Dolet, à un Henri Étienne, à un Muret, et même à un Postel; elle joindroit alors au mérite d'une rareté extraordinaire quelques autres avantages, et particulièrement celui de nous conserver les sentimens d'un écrivain distingué, et celui de résoudre une question de bibliologie très célèbre.

XVIII.

DE LA SUPPOSITION DE PASSAGES.

Le motif qui a fait rechercher si long-temps le traité *De tribus Impostoribus* est fort étranger à celui qui a fait la réputation de Phlégon. Cet auteur, qui étoit de Tralles en Lydie, et qui a écrit un livre fort curieux *des choses merveilleuses*, est cité dans la chronique d'Eusèbe, où se lit un passage relatif aux ténèbres qui apparurent à la mort de Jésus-Christ ; c'est une de ces autorités que les premiers chrétiens interpoloient trop légèrement dans les manuscrits qui se trouvoient à leur disposition, au grand scandale des Pères de l'Église eux-mêmes, qui s'en plaignent amèrement en plusieurs lieux. Ce savant Jean Meursius, à qui nous devons tant d'excellens livres d'antiquités et de lexicologie (et entre autres un Glossaire, qui a peut-être donné l'idée de celui de Du Cange), en publia chez le vieil Elzevier de Leyde, en 1620, une excellente édition, où il n'admit point dans son texte la citation d'Eusèbe, à laquelle je doute même qu'il ait accordé la moindre mention, ce dont je ne puis répondre pourtant, mon exemplaire, qui venoit de la superbe bibliothèque de De Thou, et auquel étoient réunis Antigone Carystius et Apollonius Dyscole, étant perdu pour moi, comme tous mes livres de ce temps-là. Quoi qu'il en soit, ce bruit avoit fait singulièrement rechercher Phlégon, à tel point que les *Scriptores rerum mirabilium* (sur lesquels, par parenthèse, nos bibliographes sont bien loin d'avoir des idées nettes) furent portés à 54 livres, chez M. Gouttard, prix encore bien éloigné de celui auquel ils s'éleveroient, s'il étoit vrai qu'ils eussent parlé des ténèbres. L'édition de 1622 ne diffère des autres que par le titre commun sous lequel elle les a réunis.

C'est une curiosité du même genre qui a fait valoir, pendant quelques années, le *Mirabilis liber*, appelé autrement fort improprement *les Prédictions de saint Césaire*, quoiqu'il n'y soit pas question de saint Césaire, et qu'une petite note placée, ce me semble, au revers du titre, attribue ces prophéties à un évêque Bémécho-bius, aussi inconnu dans la littérature que dans la légende. Ce misérable almanach a été imprimé une fois sous la date de 1524, et une ou deux fois sans date; mais un peu antérieurement, et toujours en caractères gothiques d'une très méchante forme. L'édition que j'ai vue le moins souvent est celle qui a ces mots si brusquement imprimés au bas de la justification de la dernière page que le livre paroît imparfait au premier coup d'œil : *On les vend rue Saint-Jacques, à l'Éléphant.* Le mérite du *Mirabilis liber* est tout entier dans deux ou trois pages des feuillets de la cinquième ou sixième dizaine, où l'on a prétendu trouver l'histoire de la révolution française, au rapport de la date près, qu'on a toutefois rectifiée par un petit subterfuge de chronologie. Le fait est que le compilateur de ces niaiseries, comme tous les charlatans de cette espèce, a eu le bonheur de rencontrer deux ou trois vérités singulières au milieu de cent absurdités; d'où il suit que saint Césaire n'est pas plus fort en prescience que le démon, et que le *Mirabilis liber* n'est pas plus digne de foi que Nostradamus. Il y a sans doute quelque manière de pressentir l'avenir, et de calculer, sur des données presque sûres, les différentes combinaisons des événemens possibles; c'est un secret qu'on n'apprendra pourtant ni de Béméchobius, ni de Cardan, ni de Maupertuis, mais de l'expérience de l'histoire et de l'étude des hommes; il ne faut être, pour cela, ni saint, ni enthousiaste, ni sorcier, mais philosophe et observateur.

XIX.

DE LA SUPPOSITION DE DATES.

On ne finiroit pas si l'on vouloit compter tous les moyens dont on fait usage dans le trafic des livres, pour hausser le prix des ouvrages les plus communs et les moins considérés. On a fait passer dans les ventes pour une des productions les plus anciennes de l'imprimerie, puisqu'elle se trouveroit antérieure à ses premiers monumens connus, une édition des sermons de Léonard *de Utino*, fort recommandable d'ailleurs, mais où la date de 1446 ne se rapporte qu'à la réunion des pièces dont ce volume est composé, et non à celle de leur impression. On est même allé plus loin ; car, dans ce cas, la supercherie peut au moins se couvrir du prétexte de l'ignorance ; je veux parler de la petite manœuvre que je remarque dans la plupart des exemplaires de l'*Hypnérotomachie* de Poliphile, imprimée à Venise, chez les Alde, en 1499 ; non celle de l'auteur *Franciscus Columna*, qui s'est avisé de cacher son nom dans les initiales de ses chapitres, comme Estienne

Tabourot l'a fait depuis, car elle n'a rien que de fort innocent, et c'étoit le moins que pût faire un moine amoureux qui écrivoit ses rêves; mais celle de certains trafiquans de raretés qui, au moyen de la lacération du dernier feuillet de cet ouvrage où la date est portée, en ont supposé une édition de 1467, faite à Trévise, parce que cette indication, qui est celle du temps et du lieu où *le Songe de Poliphile* fut composé, se trouve à la fin du texte. D'autres fois, on a modifié une date, soit par l'impression de nouveaux chiffres, soit au contraire en grattant le chiffre qui révéloit une édition postérieure à la date de la bonne, comme dans *le Corps politique* de Hobbes, de l'édition de 1653, où l'on a souvent supprimé la dernière unité pour faire confondre ce charmant volume elzévirien avec l'édition de 1652, qu'on lui préféroit sans motif. C'est à une combinaison du même genre qu'il faudroit attribuer la prétendue erreur typographique que l'on remarque dans le *Decor puellarum* de Nicolas Jenson, où l'on veut que la date de 1461 représente celle de 1471, car il est impossible de supposer qu'un tel artiste se soit trompé sur l'énonciation d'une date à laquelle sa gloire étoit si essentiellement attachée; mais il est à peu près évident, quoi qu'en disent les bibliographes, que cette date est exacte, et elle le seroit encore, quand on prouveroit que Jenson, repoussé pendant dix ans de l'Italie, n'a pu y constater que dix ans après son incontestable priorité sur les imprimeurs auxquels on attribue communément l'introduction de la typographie dans ce pays. Ses tentatives mêmes étoient un droit.

Le frontispice du joli *Charron* des Elzeviers, sans date, représentant une figure de la Sagesse toute nue qui offense les regards de quelques lecteurs scrupuleux, se trouvant quelquefois déchiré ou masqué d'une tache d'encre, on l'a contrefait avec beaucoup d'art, et de manière à satisfaire les curieux dont les exemplaires ont souffert cette défectuosité; mais ce nouveau titre se multiplie depuis quelque temps au-devant des exemplaires de 1656 et de 1662, dont la valeur est fort inférieure, sans qu'on en puisse dire la raison. C'est ce qui a fait croire à certains amateurs que la première de ces éditions étoit la même que celle sans date, avec un frontispice particulier, les exemplaires sans date qu'ils ont pris pour objet de comparaison étant falsifiés.

On pourroit placer dans le même ordre de supercheries celle qui consiste à prêter à une édition des avantages spéciaux qu'elle n'offre cependant point, comme des additions vainement promises par le titre, ou des intercalations plus curieuses que le texte lui-même. C'est ainsi que le *Catulle* de Vossius, *Londini*, 1684, in-4°, a long-temps obtenu une assez grande valeur, qu'il devoit au bruit généralement répandu que Vossius étoit parvenu à y introduire tout entier un singulier traité *De Prostibulis veterum* de Beverland. Comme cette particularité ne se remarque dans aucun exemplaire connu, on peut la regarder comme imaginaire, et le prix de cette édition ne diffère plus en rien de celui des livres ordinaires de la même catégorie; on sent bien que si elle avoit été réelle, il n'en seroit pas de même pour un exemplaire échappé à la mutilation commune. Il prendroit nécessairement place parmi les livres les plus précieux.

XX.

DE LA SUPPOSITION DE RARETÉ.

On n'a pas mis moins d'adresse à attacher des notes de rareté extraordinaire à certains livres en faveur desquels on vouloit exciter toute l'ardeur des enchères. Il y a des exemples fort curieux de cette espèce de charlatanisme dans certains catalogues, où des ouvrages de la classe la plus ordinaire sont relevés par le superlatif opposé, ce qui n'empêche point ces livres de se vendre presque toujours à leur taux naturel; car il y a dans la classe des acquéreurs habituels d'une marchandise quelconque, une masse de bon sens qui prévaut généralement sur les artifices des imposteurs. Il ne faut pas penser que j'entende blâmer par là les remarques bibliographiques d'un *cataloguiste* érudit; je les accueille, au contraire, avec une vive reconnoissance, et je ne saurois les trouver trop multipliées quand elles sont fondées en autorité. C'est à de pareilles *notules* que nous devons de connoître et de posséder des curiosités extrêmement piquantes qui avoient échappé jusque ici aux investigations du savoir et de la patience. Qui avoit jamais parlé, par exemple, avant un libraire milanais, exactement copié par le savant M. Gamba, de l'édition originale du *Malmantile Raquistato* de Lippi, si intéressante et si recherchée pour la singulière post-face de Cinelli? Qui signala jamais avant un modeste et savant bouquiniste nommé Regnaud-Bretel, cette édition intacte du *Festin de Pierre* de Molière, si inconnue il y a quatre-vingts ans que Voltaire fut obligé, pour donner une idée imparfaite de la fameuse *scène du Pauvre*, de s'en rapporter à une copie manuscrite de Marcassus[1]? Je ne disconviens donc pas qu'il n'y ait quelques livres d'un mérite assez éminent qui sont injustement négligés par les bibliographes pour l'avoir été par les curieux, et qu'un homme de lettres, doué d'un sain esprit de critique, n'en puisse faire une notice aussi singulière qu'utile; mais ce n'est pas au point qu'on doive croire qu'une de ces merveilles enterrées marqueroit une époque dans la littérature; on connoit assez généralement ce qui mérite le mieux d'être connu, et les découvreurs de trésors enfouis sont trop communément de véritables dupes, auxquelles on vend, suivant l'expression de Jacques Lenfant, des happelourdes pour des diamans. Ce qu'il y a de scandaleux, c'est que des gens de lettres eux-mêmes descendent à des fraudes si basses pour faire rechercher leurs ouvrages avec plus

---

[1] Cette découverte présente un peu moins d'importance, depuis qu'on s'est aperçu que la même particularité distinguoit la jolie édition de *Bruxelles, G. de Backer*, 1694, 4 vol. in-12, qui est ornée d'ailleurs de charmantes gravures d'Harrewyn; mais qui se seroit avisé que cette insigne rareté de Marcassus avoit été imprimée trois fois, et peut-être quatre, car toutes les comédies de Molière avoient été publiées séparément avant 1682?

d'empressement, soit qu'ils cèdent à l'instigation de l'amour-propre, soit qu'ils cèdent à celle de la cupidité; et on ne pardonneroit point à Gabriel Naudé, entre autres, d'avoir osé dire que ses *Considérations sur les coups d'état*, imprimées à Paris sous le titre de Rome, en 1639, in-4°, n'avoient été tirées qu'à douze exemplaires, quand il y en a près de quarante connus dans les principales bibliothèques de l'Europe, si l'on n'avoit tout lieu de supposer maintenant que ce n'est pas pour cette édition de Paris que sa préface a été faite, mais pour une édition véritablement imprimée à Rome, où l'on sait qu'il habitoit alors, et que Gui-Patin, le premier auteur qui ait rapporté cette particularité, distingue fort bien de celle-ci, en nous apprenant qu'elle ne se composoit que de vingt-huit feuillets. Je suis entré ailleurs[1] dans ces détails avec assez d'étendue, pour me dispenser d'y insister ici. L'édition de Paris ne s'élève donc pas de beaucoup en mérite et en valeur au-dessus des autres livres curieux d'une certaine rareté, et il faudroit peut-être lui préférer la contrefaçon de Strasbourg, 1673, où sont réunies les notes de Louis du May.

[1] *Variétés littéraires et philologiques, Mélanges tirés d'une petite bibliothèque.*

XXI.

DU CHANGEMENT DE TITRES.

Cela me ramène au changement de titre pour un ouvrage mal débité, qui est une espèce de supercherie très vulgaire. En effet, les *Considérations sur les coups d'état*, de l'édition de Louis du May, sont intitulées : *Science des Princes*, ce qui est tout différent, quant à l'expression, car c'est la même chose pour le sens. Nos libraires ignorent si peu cette ressource qu'il m'est arrivé trois ou quatre fois de recommencer sous un titre nouveau la lecture de l'ouvrage qui m'avoit impatienté la veille; et j'ai éprouvé la même chose au théâtre, où le même drame attire les mêmes spectateurs, au moyen d'une double affiche. J'ai connu un de ces auteurs à titres renouvelés, qui disoit avec orgueil, à chaque nouvelle apparition de son livre : Ils me liront, cette fois ! Si les curieux vouloient réunir tous ces titres, comme ils le désirent pour la petite traduction de Spinosa par le baron de Saint-Glain[1], le volume se doubleroit.

[1] Cette traduction a été imprimée sous les trois titres suivans : *Clé du Sanctuaire*, *Traité des Cérémonies supersti-*

XXII.

D'UNE SUPERCHERIE DE CERTAINS SECTAIRES.

Parmi ces supercheries de titres, et tout en parlant d'athées, il ne faut pas oublier l'adresse avec laquelle certains sectaires ont fait passer leur opinion sous la livrée de l'opinion opposée. Je n'ai jamais lu l'*Atheismus triumphatus* de Campanella, mais j'ai entendu dire souvent que ce livre, où les raisons de l'athéisme étoient fort bien alléguées, faisoit valoir de si mauvais argumens en réponse, qu'il étoit impossible de méconnoître l'intention de l'auteur. C'est ce qui est arrivé aussi à la *Réfutation de Spinosa*, par Fénelon, Lamy et Boulainvilliers, imprimée à Bruxelles, en 1731; la réfutation de Boulainvilliers n'ayant pas été achevée, il n'en existoit que la partie des hypothèses à combattre,

---

tieuses des Juifs, et *Réflexions curieuses d'un esprit désintéressé, sur les matières du salut*. C'est avec ces trois titres qu'on la recherche, car elle est d'ailleurs fort commune, ayant été non seulement tirée à un grand nombre d'exemplaires, mais encore réimprimée en 1731, pour accompagner la fameuse réfutation de Fénelon, Lamy et Boulainvilliers. Cette réimpression a toujours deux titres; celui qui porte *Clé du Sanctuaire* y a été omis, et c'est pour cela qu'il est le plus rare. On l'a cependant contrefait il y a une trentaine d'années.

fort habilement présentée, ce qui occasionna la suppression de l'ouvrage, sans le rendre beaucoup plus rare. Nos philosophes du dix-huitième siècle n'ont pas négligé ce procédé, et leur *Dictionnaire théologique* en offre, entre mille, un exemple auquel maints libraires se sont trompés.

XXIII.

CONTINUATION DES PRÉCÉDENS.

J'ai parlé de la contrefaçon, véritable plagiat matériel, qui a pour objet de dépouiller l'auteur du produit de ses travaux, et le libraire de celui de ses entreprises. Il y a une autre contrefaçon, plus innocente en apparence, puisqu'elle ne s'exerce que sur des ouvrages tombés dans le domaine public, qu'elle ne frustre réellement de leurs bénéfices légitimes, ni l'écrivain ni l'éditeur, et que si elle trompe quelques acquéreurs inexpérimentés sur la valeur de convention qu'ils attachent à quelques volumes, c'est sans préjudice pour leurs jouissances. Il est cependant utile de dire que cet artifice, dont certains spéculateurs se font peu de scrupule, est un vol non moins manifeste que la contrefaçon proprement dite, et qui n'est pas moins condamnable aux yeux de la morale.

Il est évident qu'en réimprimant un livre dont la rareté fait le principal mérite, on diminue de beaucoup, si on ne la détruit tout-à-fait, la valeur qu'il représentoit dans les bibliothèques; mais ce seroit pousser trop loin le rigorisme que de blâmer ces réimpressions quand elles sont conçues dans des vues générales d'agrément ou d'utilité, et sans intention de tromper l'acquéreur. Les éditeurs du dix-septième et du dix-huitième siècle n'ont pas fait autre chose, et personne ne s'est avisé d'y trouver matière au moindre reproche contre Le Duchat, Lenglet Dufresnoy, La Monnoye, Sallengre, Juvigny, et Faujas de Saint-Fond, et Buchoz, qui ont rendu plus vulgaires, le premier les *OEuvres* de Bernard de Palissy, et le second, les rares traités des *Macreuses* de Graindorge, et de l'*Adianthon* de Formy. De pareilles publications doivent être, au contraire, considérées comme des services rendus aux lettres; et le nom du régent, Philippe d'Orléans, restera noblement associé aux noms de Longus et d'Amyot, tant que nous aurons une littérature.

Mais il n'en est pas de même quand la réimpression d'un livre est visiblement exécutée dans l'intention de tromper par une ressemblance habile des bibliomanes confians et maladroits. Tel est le *Boccace* de 1527, réimprimé plus de deux cents ans après à Venise, et dont la conformité *ménechme* avec l'édition originale a fait beaucoup de dupes. Les *Antiquités de Caen* du sieur Bras de Bourgueville étant devenues fort rares, et les étrangers les recherchant ardemment, quelques libraires de Caen les ont assez gauchement réimprimées sous la même date, pour les vendre au prix de l'édition épuisée. Il y a mille exemples de cet artifice dans les bibliographies.

Je n'associerai certainement pas à ces contrefaçons intéressées, faites dans des vues de déception et au profit d'une combinaison mercantile, les contrefaçons d'amateurs, exécutées par goût, et auxquelles l'esprit de spéculation est resté étranger, comme celles dont les curieux sont redevables à Caron, à M. Pontier d'Aix, à M. Thomassin de Besançon, au célèbre M. Gamba, dont *le Canzone a Ballo* de Laurent de Médicis, sont de véritables *fac-simile*. Une manie non moins innocente a présidé à l'exécution des copies figurées de Fyot, qui n'ont jamais produit d'erreur dans le commerce, et qui étoient propres toutefois à tromper les plus habiles.

Quoiqu'il y ait ordinairement peu de différence entre les jolies éditions des Elzevirs de premier tirage, et celles que l'on nomme indûment contrefaçons, parce que les Elzevirs se sont empressés de les réimprimer sous la même date pour suffire au débit, il y a assez de différence entre leurs prix pour exciter la cupidité des falsificateurs de livres ; et il n'y a pas de livres où les falsifications soient plus fréquentes. Ce n'est donc pas assez de savoir que l'édition sans date de *la Sagesse* est une des plus estimées, que le *Virgile* de 1636 est reconnoissable à ses caractères rouges, que la page 104 du bon *Térence* est cotée 108, et la page 149 du bon *César*, 153, si l'on ne peut s'assurer que les pages qui offrent ces heureuses garanties n'en sont pas redevables à quelque habile opération de calligraphe, ou n'ont pas été ravies à des exemplaires imparfaits et déshonorés de la bonne édition. Il faut pour cela quelque chose de plus que les renseignemens du bibliographe, c'est-à-dire un coup d'œil sûr et un tact exercé.

Je n'omettrai pas de dire que ces réimpressions *fac-similaires* devenues à la mode de nos jours, et qui reproduisent de précieux originaux avec une désespérante facilité, n'auront jamais en tout point le suffrage des amateurs délicats. Ceci est encore plus vrai pour les autographes. Ce que prisent les curieux dans ces sortes de raretés, ce n'est pas précisément la figure de la lettre ou le trait de la plume; c'est le papier même qui a servi à un homme célèbre, que sa main a parcouru en écrivant, sur lequel elle s'est reposée. C'est l'esprit, c'est l'âme de ce dessin de la pensée dont le *fac-simile* n'est que le calque; et qu'est-ce qu'un calque dans le cabinet de l'artiste? un objet d'étude et rien de plus, la figure du mouleur en cire, le squelette de l'amphithéâtre. Ajoutez à ce sentiment si naturel le goût plus naturel encore de la propriété, de cette propriété exclusive qui donne de la valeur aux plus petits objets, qui augmente au-delà de toute mesure celle des objets précieux, qui diminue à mesure qu'ils deviennent moins difficiles à trouver, qui s'évanouit quand ils sont communs. C'est là sans doute une des aberrations de l'esprit; mais toutes les manies de l'homme, tous ses penchans les plus innocens et les plus aimables, reposent sur des aberrations pareilles. Ce qu'il y auroit de ridicule et d'injuste, ce seroit de porter l'indignation contre les faux autographes et les éditions *fac-similaires* au point où la porte le savant entomologiste Fabricius contre les inventeurs d'insectes factices, *damnandæ vero memoriæ John Hill et Louis Renard, qui insecta ficta proposuere.* Il y a beaucoup d'exagération dans cette colère, qui rappelle les imprécations du docteur Slop contre Obadiah; mais il faudroit être tout-à-fait étranger aux goûts exaltés qui l'inspirent pour n'en pas excuser le motif.

Les imprimeurs et les libraires n'ont guère été moins sujets à la supposition de noms que les auteurs : je ne parle pas de ceux qui les ont rendus méconnoissables en les traduisant, mais sans intentions suspectes, comme Lichtenstein, qui a tourné le sien en Levilapis, Winter en Oporin, Boulanger en Pistor, et à l'imitation d'une foule de gens de lettres parmi lesquels je citerai seulement Chandieu, qui s'est traduit en Sadeel, et le breton armoricain Pentefenyon qui s'appelle en français Cheffontaines, et en latin *de Capite fontium;* mais des innombrables pseudonymes qu'a enfantés la licence de la presse depuis l'infâme Barbagrigia de l'Arétin jusqu'au Pierre Marteau, ou du Marteau des libellistes hollandais. On feroit un volume de ces travestissemens en laissant courir la plume, et sans ouvrir un seul livre; mais la facilité même de les publier prouve l'inutilité de ce travail. Concluons seulement qu'il est rare qu'un imprimeur déguise innocemment son nom, mais que ce déguisement peut être plus ou moins coupable. Ainsi, quand il se place à l'abri d'un nom factice, comme Marteau, l'Enclume, Vero, Jean Pleyn de Courage, etc., il tire peu à conséquence ; mais un imprimeur, qu'on croit être Grangé, en a fait une diffamation dans ses éditions de Meursius, qui portent la date de Birmingham ou le nom des Elzevirs.

XXIV.

CONCLUSION.

Quoique je n'aie pas abordé, à beaucoup près, toutes les *Questions de littérature légale*, que j'aie touché, au contraire, à beaucoup de questions bibliologiques qui n'y ont aucun rapport, et que dans celles qui ont occupé ma plume, je n'aie rien approfondi d'une manière satisfaisante pour les vrais érudits, toute la latitude de ce foible travail étant circonscrite aux facultés d'une mémoire usée et privée de la ressource des livres, il me semble que j'ai fait assez bien voir que les palmes de la littérature avoient pu souvent être livrées à des hommes dénués de délicatesse et d'honneur, qui ne regardoient la carrière du talent que comme un des chemins de la fortune. C'est sans doute une des choses les plus déplorables de ce monde, que de voir jointes les qualités les plus puissantes du génie à des vices qui le dégradent; mais c'est, heureusement, une chose plus rare qu'on ne le pense; et puisque ce dernier thème se lie naturellement à ceux que je viens de traiter, je ne crains pas de dire qu'il mérite l'attention des gouvernemens et la prévoyance des lois. Les gens de lettres exercent par l'influence de leur propre talent une véritable magistrature, dont l'effet est peut-être plus sûr que celui des magistratures constituées, car il a l'attrait du succès, et n'excite point la prévention qui arme trop souvent l'esprit contre le pouvoir. Il est donc très important à la perfection du système social que l'homme de lettres distingué soit aussi un honnête homme, puisque la supériorité de son esprit le rend propre à imprimer une grande impulsion au caractère national. Le grand écrivain ne peut pas se défendre de sa destinée, qui l'a fait homme public; il lui doit de la justifier par la vertu. S'il altère la noble empreinte du génie, il faut que la patrie dévoue ses crimes et même ses fautes avec plus de rigueur que les crimes communs, que les fautes communes; il n'a que de grands exemples à donner au monde et à la postérité.

Je crois donc que cette espèce de censure qui interdiroit à un homme de mœurs odieuses le droit de publier ses pensées, seroit très avantageuse à la morale publique sans être funeste à la littérature, qui doit toutefois lui être bien subordonnée. Les exemples de grands génies que de grands torts ont flétris sont infiniment rares, et il seroit à souhaiter qu'ils n'existassent pas, au prix même des beaux ouvrages que nous serions obligés d'y perdre. Ce sont des choses qui s'allient naturellement dans l'organisation d'un homme supérieur que le talent et la vertu; et, quand le hasard les sépare, son caprice ne doit être considéré que comme une exception; encore, cela me paroît-il susceptible de quelque difficulté, et je serois bien porté à croire qu'il n'y a pas eu un méchant dont on ne puisse contester le génie, dans la plus haute acception de ce mot, tant il me paroît difficile que le génie, qui est comme une inspiration toute divine, et qui porte ordinairement avec lui tous les attributs de sa noble essence, se dégrade à animer les conceptions d'un mauvais cœur et d'un esprit dépravé. Les temps anciens sont d'accord avec les modernes pour l'application de ce principe; et Platon, Virgile, Corneille, Racine, Fénelon, seroient morts sans avoir enfanté ces chefs-d'œuvre qui placent leurs noms au-dessus de tout le reste de l'humanité, qu'on les citeroit peut-être encore comme les modèles de toutes les qualités sociales. Je vois seulement que la Grèce auroit perdu, à l'institution dont je parle, un Archiloque, si admiré tout à la fois et si méprisable, et dont le temps semble avoir fait justice, au défaut des lois, en détruisant les seuls titres qu'il eut à la gloire, tandis qu'il a laissé subsister tous ceux que l'histoire lui donne à l'exécration. Chez les Romains, je ne connois que Salluste dont la vie infâme ait souillé un talent réellement rare et regrettable; et J. B. Rousseau me paroît le seul de nos écrivains du premier ordre qui ait laissé aux honnêtes gens plus de torts à déplorer qu'aux écrivains de beaux modèles à suivre; car je ne pense pas que la gloire de la littérature française fût sérieusement compromise, quand même un François Villon n'auroit pas *débrouillé l'art confus de nos vieux romanciers*, qu'on eût bien débrouillé sans lui; quand un le Noble n'auroit pas dérobé le temps d'accumuler ses ennuyeuses compilations au loisir de la prison et des galères; et quand une mort honteuse auroit surpris le Motteux dans un lieu de débauche, avant qu'il eût hasardé ses pitoyables conjectures sur Rabelais.

Un homme de mauvaises mœurs ayant énoncé à Sparte une opinion utile, l'éphore la fit répéter par un autre, de crainte que le peuple ne laissât retomber sur le premier quelque chose de la considération que cette idée méritoit. Il devroit en être de même dans les lettres. Quel que soit le motif de l'estime dont l'opinion investit un scélérat, il est de l'intérêt de la morale que ce motif soit anéanti. Je n'en excepterois pas l'*Iliade*.

NOTES.

NOTES.

Note A, Page 7.

MONTAIGNE.

« En premier lieu, je te demande, Cinna, paisible audience : n'interromps pas mon parler. Je te donneray temps et loisir d'y respondre. Tu sçais, Cinna, que t'ayant pris au camp de mes ennemis, non seulement t'estant fait mon ennemy, mais estant nay tel, je te sauvay; je te meis entre mains tous tes biens, et t'ay enfin rendu si accommodé et si aysé, que les victorieux sont envieux de la condition du vaincu. L'office du sacerdoce que tu me demandas, je te l'octroyai, l'ayant refusé à d'aultres desquels les pères avoient tousjours combattu avec moy. T'ayant si fort obligé, tu as entreprins de me tuer. » A quoi Cinna s'estant escrié qu'il estoit bien esloingné d'une si meschante pensée : « Tu ne me tiens pas, Cinna, ce que tu m'avois promis, suyvit Auguste; tu m'avois asseuré que je ne seroy pas interrompu. Ouy, tu as entreprins de me tuer, en tel lieu, tel jour, en telle compaignie, et de telle façon. » Et le voyant transy de ces nouvelles, et en silence, non plus pour tenir le marché de se taire, mais de la presse de sa conscience : « Pourquoy, adjousta-t-il, le fais-tu ? Est-ce pour estre empereur? vrayment, il va bien mal à la chose publique s'il n'y a que moi qui t'empesche d'arriver à l'Empire. Tu ne peulx pas seulement deffendre ta maison, et perdis dernièrement un procez par la faveur d'un simple libertin. Quoy! n'as-tu moyen ny pouvoir en aultre chose qu'à entreprendre César? Je le quitte s'il n'y a que moy qui empesche tes espérances. Penses-tu que Paulus, que Fabius, que les Cosséens et Serviliens te souffrent, et une si grande troupe de nobles, non seulement nobles de nom, mais qui, par leur vertu, honorent leur noblesse? » Aprez plusieurs aultres propos (car il parla à lui plus de deux heures entières) : « Or va, lui dict-il, je te donne, Cinna, la vie, à traistre et à parricide, que je te donnay aultrefois à ennemy. Que l'amitié commence de ce jourd'huy entre nous. Essayons qui de nous deux de meilleure foy, moy, t'aye donné ta vie, ou tu l'ayes receue. »

(Essais, Liv. 1, chap. xxiii.)

(Le récit de Montaigne est lui-même littéralement dérobé à Sénèque).

CORNEILLE.

AUGUSTE.

Prends un siége, Cinna, prends, et sur toute chose
Observe exactement la loi que je t'impose :
Prête, sans me troubler, l'oreille à mes discours;
D'aucun mot, d'aucun cri n'en interromps le cours;
Tiens ta langue captive; et si ce grand silence
A ton émotion fait quelque violence,

Tu pourras me répondre après tout à loisir.
Sur ce point seulement contente mon désir.
CINNA.
Je vous obéirai, seigneur.
AUGUSTE.
      Qu'il te souvienne
De garder ta parole, et je tiendrai la mienne.
Tu vois le jour, Cinna; mais ceux dont tu le tiens
Furent les ennemis de mon père, et les miens :
Au milieu de leur camp tu reçus la naissance;
Et lorsqu'après leur mort tu vins en ma puissance,
Leur haine, enracinée au milieu de ton sein,
T'avoit mis contre moi les armes à la main.
Tu fus mon ennemi même avant que de naître,
Et tu le fus encor quand tu me pus connoître;
Et l'inclination jamais n'a démenti
Ce sang qui t'avoit fait du contraire parti.
Autant que tu l'as pu les effets l'ont suivie;
Je ne m'en suis vengé qu'en te donnant la vie :
Je te fis prisonnier pour te combler de biens;
Ma cour fut ta prison, mes faveurs tes liens.
Je te restituai d'abord ton patrimoine;
Je t'enrichis après des dépouilles d'Antoine;
Et tu sais que depuis, à chaque occasion,
Je suis tombé pour toi dans la profusion.
Toutes les dignités que tu m'as demandées,
Je te les ai sur l'heure et sans peine accordées;
Je t'ai préféré même à ceux dont les parens
Ont jadis dans mon camp tenu les premiers rangs;
A ceux qui de leur sang m'ont acheté l'empire;
Et qui m'ont conservé le jour que je respire :
De la façon enfin qu'avec toi j'ai vécu,
Les vainqueurs sont jaloux du bonheur du vaincu.

Quand le ciel me voulut, en rappelant Mécène,
Après tant de faveurs montrer un peu de haine,
Je te donnai sa place, en ce triste accident,
Et te fis, après lui, mon plus cher confident.
Aujourd'hui même encor, mon âme irrésolue
Me pressant de quitter ma puissance absolue,
De Maxime et de toi j'ai pris les seuls avis;
Et ce sont, malgré lui, les tiens que j'ai suivis.
Bien plus, ce même jour je te donne Emilie,
Le digne objet des vœux de toute l'Italie,
Et qu'ont mise si haut mon amour et mes soins,
Qu'en te couronnant Roi je t'aurois donné moins.
Tu t'en souviens, Cinna : tant d'heur et tant de gloire
Ne peuvent pas sitôt sortir de ta mémoire;
Mais ce qu'on ne pourroit jamais s'imaginer,
Cinna, tu t'en souviens, et veux m'assassiner.

CINNA.

Moi, seigneur, moi, que j'eusse une âme si traîtresse!
Qu'un si lâche dessein....

AUGUSTE.

     Tu tiens mal ta promesse :
Sieds-toi; je n'ai pas dit encor ce que je veux;
Tu te justifieras après, si tu le peux.
Ecoute cependant, et tiens mieux ta parole.
Tu veux m'assassiner demain, au Capitole,
Pendant le sacrifice; et ta main, pour signal,
Me doit, au lieu d'encens, donner le coup fatal;
La moitié de tes gens doit occuper la porte,
L'autre moitié te suivre et te prêter main forte.
Ai-je de bons avis ou de mauvais soupçons?
De tous ces meurtriers te dirai-je les noms?
Procule, Glabrion, Virginian, Rutile,
Marcel, Plaute, Lenas, Pomponc, Albin, Icile,

Maxime, qu'après toi j'avois le plus aimé;
Le reste ne vaut pas l'honneur d'être nommé;
Un tas d'hommes perdus de dettes et de crimes,
Que pressent de mes lois les ordres légitimes,
Et qui, désespérant de les plus éviter,
Si tout n'est renversé ne sauroient subsister.
Tu te tais maintenant, et gardes le silence,
Plus par confusion que par obéissance.
Quel étoit ton dessein, et que prétendois-tu,
Après m'avoir au temple à tes pieds abattu?
Affranchir ton pays d'un pouvoir monarchique?
Si j'ai bien entendu tantôt ta politique,
Son salut désormais dépend d'un souverain
Qui, pour tout conserver, tienne tout dans sa main;
Et si sa liberté te faisoit entreprendre,
Tu ne m'eusses jamais empêché de la rendre :
Tu l'aurois acceptée au nom de tout l'État,
Sans vouloir l'acquérir par un assassinat.
Quel étoit donc ton but? d'y régner en ma place?
D'un étrange malheur son destin la menace
Si, pour monter au trône et lui donner la loi,
Tu ne trouves dans Rome autre obstacle que moi;
Si, jusques à ce point, son sort est déplorable,
Que tu sois, après moi, le plus considérable,
Et que ce grand fardeau de l'empire romain
Ne puisse, après ma mort, tomber mieux qu'en ta main.
Apprends à te connoître et descends en toi-même.
On t'honore dans Rome, on te courtise, on t'aime;
Chacun tremble sous toi, chacun t'offre des vœux;
Ta fortune est bien haut! tu peux ce que tu veux;
Mais tu ferois pitié, même à ceux qu'elle irrite,
Si je t'abandonnois à ton peu de mérite.
Ose me démentir : dis-moi ce que tu vaux;
Conte-moi tes vertus, tes glorieux travaux;

Les rares qualités par où tu m'as dû plaire,
Et tout ce qui t'élève au-dessus du vulgaire.
Ma faveur fait ta gloire, et ton pouvoir en vient;
Elle seule t'élève, et seule te soutient :
C'est elle qu'on adore et non pas ta personne;
Tu n'as crédit ni rang qu'autant qu'elle t'en donne;
Et, pour te faire choir, je n'aurois, aujourd'hui,
Qu'à retirer la main qui seule est ton appui.
J'aime mieux toutefois céder à ton envie :
Règne, si tu le peux, aux dépens de ma vie;
Mais oses-tu penser que les Serviliens,
Les Cosse, les Métel, les Paul, les Fabiens,
Et tant d'autres enfin, de qui les grands courages,
Des héros de leur sang sont les vives images,
Quittent le noble orgueil d'un sang si généreux,
Jusqu'à pouvoir souffrir que tu règnes sur eux?

. . . .
. . . .

Soyons amis, Cinna, c'est moi qui t'en convie;
Comme à mon ennemi je t'ai donné la vie,
Et, malgré la fureur de ton lâche dessein,
Je te la donne encor comme à mon assassin :
Commençons un combat qui montre, par l'issue,
Qui l'aura mieux de nous ou donnée ou reçue.

N. B. Le fameux monologue d'Auguste, dont il n'est pas parlé dans le texte, se retrouve également dans Montaigne. Sur les autres plagiats de Corneille, voyez l'examen du *Cid*, par Scudéry.

Note B, Page 7.

MONTAIGNE.

Or, je vous veulx monstrer combien la religion que je tiens est plus doulce que celle de quoy vous faites profession. La vostre vous a conseillé de me tuer sans m'ouir, n'ayant receu de moi aulcune offense, et la mienne me commande que je vous pardonne, tout convaincu que vous estes de m'avoir voulu tuer sans raison.

VOLTAIRE.

Des dieux que nous servons connois la différence.
Les tiens t'ont commandé le meurtre et la vengeance;
Le mien, lorsque ton bras vient de m'assassiner,
M'ordonne de te plaindre et de te pardonner.

Note C, Page 7.

MONTAIGNE.

Je conçois aisément Socrate en la place d'Alexandre; Alexandre en celle de Socrate, je ne puis.

ROUSSEAU.

>Vous chez qui la guerrière audace
>Tient lieu de toutes les vertus,
>Concevez Socrate à la place
>Du fier meurtrier de Clitus.
>Vous verrez un Roi respectable,
>Humain, généreux, équitable,
>Un Roi digne de vos autels.
>Mais à la place de Socrate,
>Le fameux vainqueur de l'Euphrate
>Sera le dernier des mortels.

Note D, Page 7.

CASSAIGNE.

Je chante ce héros qui régna sur la France,
Et par droit de conquête, et par droit de *chevance*.

VOLTAIRE.

Je chante ce héros qui régna sur la France,
Et par droit de conquête, et par droit de *naissance*.

Note E, Page 8.

NÉRÉE.

— Ne redoutez-vous point qu'un ligueur vous escoute ?
— Je ne crains que mon Dieu, lui tout seul je redoute.
. . . .
— Las! nos petits enfants en auroient bien besoing.
— Dieu nous les a donnés, Dieu en aura le soing.
— Les pourrions-nous laisser en si grande misère ?
— Celuy n'est délaissé qui a Dieu pour son père.
Il ouvre à tous l - main, il nourrit les corbeaux,
Il donne la viande aux jeunes passereaux,
Aux bestes des forêts, des prés et des montagnes.
Tout vit de sa bonté.

N. B. Racine a mis *pâture*, au lieu de *viande*, comme l'usage de son temps l'indiquoit ; et Voltaire n'a pas cru devoir admettre ce mot *viande*, même en citation. Du temps de Nérée, il étoit fort bon, puisqu'il étoit analogue à *vie*, et plus propre à exprimer la manière de vivre des oiseaux que celui de *pâture*, qui se rapporte à l'action des quadrupèdes. Il y a trop de délicatesse à repousser ces traditions de l'étymologie, si précieuses pour l'histoire des langues. Parce qu'une convention du langage s'est modifiée, ce n'est pas une raison pour en détruire tous les monumens.

Pour en revenir à Nérée, ce n'est pas dans ce seul endroit qu'il paroît avoir suggéré une pensée ou un mouvement à Racine. Celui-ci avoit certainement sous les yeux le songe du tyran de notre vieux poète quand il composoit le songe d'*Athalie*, dont aucun classique n'a présenté le modèle. « Mes yeux, dit le personnage de Nérée, en parlant de spectre :

> L'ont veu, l'ont entendu, non en formes pareilles,
> Non en la gravité que superbe il avoit
> Lorsque craint et chéri en ce monde il vivoit....
> Il estoit triste et morne, et la face hideuse....
> . . . .
> D'un linceul déchiré il couvroit ses épaules.

« Ses bras n'étoient que des ossemens

> Qu'il allongeoit vers moi. . . . .
> . . . .
> Il n'avoit dit encor quand un estonnement
> Remplit mon cœur d'effroi, mon corps de tremblement.
> Une pâle froideur me saisit, et mes veines
> Au lieu de tiéde sang fûrent de glace pleines.
> Le somme (*sommeil*) s'envolant, je desire parler.
> Mais ma bouche est sans voix, je tends mes bras en l'air
> Pour me pendre à son col, pour toucher son visage,
> Mais je n'embrasse rien qu'une espaisse nuage, etc.

Au reste, si Nérée a eu le bonheur de fournir quelques vers au premier de nos poètes, il pourroit bien avoir usé aussi quelquefois du privilége d'en emprunter à d'autres. Il est probable, par exemple, que lorsqu'il disoit :

> Celuy n'est délaissé qui a Dieu pour son père,

il ne faisoit que se rappeler cet autre alexandrin de la tragédie de *l'Écossoise*, par Montchrestien de

Vasteville, si analogue pour la pensée et pour le tour :

> Il n'est pas orfelin que Dieu prend en soucy.

Cette pièce, qui n'est pas sans mérite, et dont le sujet est la mort de Marie Stuart, avoit paru quatre ans avant *le Triomphe de la Ligue*.

NOTE F, PAGE 9.

DU RYER.

Donc vous vous figurez qu'une bête assommée,
Tienne votre fortune en son ventre enfermée,
Et que des animaux les sales intestins
Soient un temple adorable où parlent les destins.
Ces superstitions, et tout ce grand mystère,
Sont propres seulement à tromper le vulgaire.

VOLTAIRE.

Cet organe des dieux est-il donc infaillible?
Un ministère saint les attache aux autels,
Ils approchent des dieux, mais ils sont des mortels.
Pensez-vous qu'en effet, au gré de leur demande,
Du vol de leurs oiseaux la vérité dépende?
Que, sous un fer sacré, des taureaux gémissans
Dévoilent l'avenir à leurs regards perçans,
Et que, de leurs festons, ces victimes ornées,
Des humains, dans leurs flancs, portent les destinées?
Non, non; chercher ainsi l'obscure vérité,
C'est usurper les droits de la Divinité.
Nos prêtres ne sont pas ce qu'un vain peuple pense:
Notre crédulité fait toute leur science.

Note G, Page 9.

THÉOPHILE.

Mais je me sens jaloux de tout ce qui te touche,
De l'air qui, si souvent, entre et sort par ta bouche;
Je crois qu'à ton sujet le soleil fait le jour
Avecque des flambeaux et d'envie et d'amour.
Les fleurs que, sous tes pas, tous les chemins produisent,
Dans l'honneur qu'elles ont de te plaire me nuisent.
Si je pouvois complaire à mon jaloux dessein,
J'empêcherois tes yeux de regarder ton sein.
Ton ombre suit ton corps de trop près, ce me semble;
Car nous deux seulement devons aller ensemble.
Bref, un si rare objet m'est si doux et si cher
Que ma main seulement me nuit de te toucher.

CORNEILLE.

PSYCHÉ.
Des tendresses du sang peut-on être jaloux?

L'AMOUR.
Je le suis, ma Psyché, de toute la nature.
Les rayons du soleil vous baisent trop souvent;
Vos cheveux souffrent trop les caresses du vent;
    Dès qu'il les flatte, j'en murmure.
    L'air même que vous respirez,
Avec trop de plaisir passe par votre bouche.
    Votre habit de trop près vous touche.

Note H, Page 22.

DORAT.

Divine mélodie, âme de l'univers,
De tes attraits sacrés viens embellir mes vers.
Tout ressent ton pouvoir. Sur les mers inconstantes
Tu retiens l'aquilon dans tes voiles flottantes.
Tu ravis, tu soumets les habitans des eaux,
Et ces hôtes ailés qui peuplent nos berceaux.
L'Amphion des forêts, tandis que tout sommeille,
Prolonge en ton honneur son amoureuse veille ;
Et seul sur un rameau, dans le calme des nuits,
Il aime à moduler ses douloureux ennuis.
Tes lois ont adouci les mœurs les plus sauvages.
Quel antre inhabité, quels horribles rivages
N'ont pas été frappés par d'agréables sons?
Le plus barbare écho répéta des chansons.
Dès qu'il entend frémir la trompette guerrière,
Le coursier inquiet lève sa tête altière,
Hennit, blanchit le mors, dresse ses crins mouvans,
Et s'élance aux combats, plus léger que les vents.
De l'homme infortuné tu suspends la misère,
Rends le travail facile et la peine légère.
Que font tant de mortels en proie aux noirs chagrins,
Et que le ciel condamne à souffrir nos dédains ;
Le moissonneur actif que le soleil dévore,
Le berger dans la plaine errant avant l'aurore?
Que fait le forgeron soulevant ses marteaux,
Le vigneron brûlé sur ses ardens coteaux,
Le captif dans les fers, le nautonnier sur l'onde,
L'esclave enseveli dans la mine profonde,
Le timide indigent dans son obscur réduit?
Il chante, l'heure vole, et la douleur s'enfuit.

DELILLE.

O divine harmonie, au moins tes doux accens
Pour mon oreille encore ont des charmes puissans,
Et qui ne connoît pas ton pouvoir ineffable!
L'histoire, en te louant, le dispute à la fable.
Combien ma déité fut prodigue pour toi!
Elle ordonne; et tu peins l'allégresse et l'effroi,
Animes les festins, échauffes les batailles,
Mêles des pleurs touchans au deuil des funérailles,
Et du pied des autels, en sons mélodieux,
Vas porter la prière aux oreilles des dieux.
Ainsi Mars s'enflammoit aux accords de Tyrthée,
Ainsi sur mille tons le fameux Timothée
Touchoit son luth divin, parcouroit tour à tour
Le mode de la gloire et celui de l'amour,
D'un regard de Thaïs enivroit Alexandre,
Rouloit son char vainqueur sur Babylone en cendre,
Ou peignant Darius et sa famille en deuil,
Des pleurs de l'infortune attendrissoit l'orgueil.
Dans ses noirs ateliers, sous son toit solitaire,
Tu charmes le travail, tu distrais la misère.
Que fait le laboureur conduisant ses taureaux,
Que fait le vigneron sur ses brûlans coteaux,
Le mineur enfoncé sous ses voûtes profondes,
Le berger dans les champs, le nocher sur les ondes,
Le forgeron domptant les métaux enflammés?
Il chante, l'heure vole, et leurs maux sont charmés.

Note I, Page 21.

SARRAZIN.

ODE SUR LA BATAILLE DE LENS.

Il monte un cheval superbe
Qui, furieux aux combats,
A peine fait courber l'herbe
Sous la trace de ses pas;
Son œil est ardent, farouche;
L'écume sort de sa bouche;
Prêt au moindre mouvement,
Il frappe du pied la terre,
Et semble appeler la guerre
Par un fier hennissement.

VOLTAIRE.

HENRIADE, *chant* VIII.

Les momens lui sont chers, il court dans tous les rangs
Sur un coursier fougueux plus léger que les vents,
Qui, fier de son fardeau, du pied frappant la terre,
Appelle les dangers et respire la guerre.[1]

---

[1] Répétons ici que ces deux peintures, qu'on trouveroit aujourd'hui assez médiocres, et que M. Delille a surpassées, ont une origine commune dans l'Écriture :

Terram ungula fodit, exultat audacter; in occursum pergit armatis, contemnit pavorem, nec cedit gladio.

Fervens et fremens sorbet terram, nec reputat tubam sonare clangorem.

Ubi audierit buccinam, dicit, Vah, procul odoratur bellum, exhortationem ducum, et ululatum exercitus.

N. B. J'emprunte ici à Fréron quelques notes curieuses sur de nombreux plagiats de Voltaire, sans approuver en tout point la sévérité de ses reproches; car certains de ces plagiats ne paroîtront sans doute au lecteur que des imitations légitimes. Je m'en réfère là-dessus aux principes que j'ai établis dans le cours de cet ouvrage.

LETTRE A M. FRÉRON, SUR DES VERS ATTRIBUÉS A M. DE VOLTAIRE.

« Tout le monde a vu, Monsieur, il y a sept ou huit ans, ces vers, qui coururent sous le nom de M. de Voltaire, et qu'on trouva charmans, comme tout ce qui vient de cet écrivain.

> Par votre humeur le monde est gouverné;
> Vos volontés font le calme et l'orage;
> Vous vous riez de me voir confiné,
> Loin de la cour, au fond de mon village.
> Mais n'est-ce rien que d'être tout à soi,
> D'être sans soins, de vieillir sans emploi,
> D'avoir dompté la crainte et l'espérance?
> Ah! si le ciel, qui me traite si bien,
> Avoit pitié de vous et de la France,
> Votre bonheur seroit égal au mien!

En visitant, il y a quelques jours, la bibliothèque d'un de mes amis, il me tomba sous la main un volume intitulé : *Choix de Poésies morales et chrétiennes, depuis Malherbe jusqu'à nos jours, dédié à monseigneur le duc d'Orléans;* imprimé à Paris, chez Briasson, rue Saint-Jacques, à la Science, en 1740, et je fus très surpris d'y trouver, à l'article de Maynard, le sonnet que vous allez lire.

A UN FAVORI.

Par vos humeurs l'État est gouverné;
Vos seuls avis font le calme et l'orage,
Et vous riez de me voir confiné,
Loin de la cour, dans mon petit village.
Cléomédon, mes désirs sont contens;
Je trouve beau le désert où j'habite,
Et connois bien qu'il faut céder au temps,
Fuir le grand monde et devenir ermite.
Je suis heureux de vieillir sans emploi,
De me cacher, de vivre tout à moi,
D'avoir dompté la crainte et l'espérance;
Et si le ciel, qui me traite si bien,
Avoit pitié de vous et de la France,
Votre bonheur seroit égal au mien.

« Ce plagiat, un des plus hardis, peut-être, après celui de l'idylle des *Moutons*, qui fit tant d'honneur à madame Deshoulières, quoiqu'elle soit incontestablement de Coutel, ne sauroit être imputé, sans injustice, à M. de Voltaire, dont tout le monde connoît la prodigieuse facilité, l'abondance et le génie créateur. J'ai l'honneur d'être, etc.

« MONISEAU, avocat au parlement. »

« Voici de M. de Voltaire un madrigal à madame la marquise du Châtelet, jouant à Sceaux, chez madame la duchesse du Maine, le rôle d'Issé, en 1747.

> Être Phébus aujourd'hui je désire,
> Non pour régner sur la prose et les vers,
> Car à du Maine il remit cet empire;
> Non pour courir autour de l'univers,
> Car vivre à Sceaux est le but où j'aspire;
> Non pour tirer les accords de sa lyre,
> De plus doux chants font retentir ces lieux;
> Mais seulement pour voir et pour entendre
> La belle Issé, qui pour lui fut si tendre,
> Et qui le fit le plus heureux des dieux.

« On ne peut nier que ce madrigal ne soit charmant. Il est vrai qu'il n'a pas dû coûter un grand effort de création à M. de Voltaire. Sa mémoire, toujours si prompte et si habile à le servir, lui en a montré le modèle et le tour heureux dans Ferrand, poëte aimable mort en 1719, qui, parmi ses œuvres, nous a laissé le madrigal suivant, dont celui de M. de Voltaire n'est que la parodie :

> Être l'Amour aujourd'hui je désire,
> Non pour régner sur la terre et les cieux,
> Mais pour régner sur le cœur de Thémire;
> Seule, elle vaut les mortels et les dieux;
> Non pour avoir son bandeau sur les yeux,
> Car de tous points Thémire m'est fidèle;
> Non pour jouir d'une gloire immortelle,
> Car à ses jours survivre je ne veux :
> Mais seulement pour épuiser sur elle
> Du dieu d'amour et les traits et les feux.

« Il est bien évident, monsieur, que l'heureuse idée de ce madrigal n'appartient pas à M. de Voltaire, et qu'il l'a prise dans Ferrand, suivan. sa louable et constante habitude de s'approprier sans façon tout ce qu'il trouve de beau, d'ingénieux et d'agréable dans les écrits anciens et modernes. Si l'on vouloit examiner en détail toutes les fleurs qui composent sa couronne littéraire, on en trouveroit bien peu qui fussent réellement à lui. Quoi qu'il en soit, Ferrand lui-même, monsieur, est tout aussi bon copiste que M. de Voltaire, par rapport au madrigal en question; il en a dérobé la pensée et le tour à l'élégant Marot, qui, dès 1524, c'est-à-dire il y a deux cent quarante-quatre ans, composa un dizain charmant pour la belle Diane de Poitiers, dont il étoit amoureux. Vous lirez avec plaisir ce dizain, qui se trouve dans le tome III, page 123, des Œuvres de Clément Marot, édition de La Haye, chez P. Gosse et Jean Néaulme, 1731.

> Estre Phébus bien souvent je désire,
> Non pour connoître herbes divinement;
> Car la douleur que mon cœur veut occire
> Ne se guérit par herbe aucunement :
> Non pour avoir ma place au firmament,
> Car en la terre habite mon plaisir :
> Non pour son arc encontre amour saisir;
> Car à mon roi ne veux estre rebelle :
> Estre Phébus seulement j'ay désir,
> Pour estre aimé de Diane la belle.

« Vous voyez, monsieur, que cette pièce de vers

est le modèle de celle de Ferrand. Ne pourroit-on pas dire que celle de M. de Voltaire lui ressemble encore plus? car Marot et M. de Voltaire veulent être Phébus, et Ferrand veut être l'Amour. »

« Fréron. »

« Vous connoissez, monsieur, le joli roman de *Zadig*. Le chapitre de *l'Ermite*, surtout, est un de ceux qui vous ont le plus frappé par le mérite de l'invention. Eh bien! ce chapitre charmant qui, dans votre esprit, faisoit tant d'honneur à M. de Voltaire, est tiré, presque mot pour mot, d'un original que ce grand copiste s'est bien gardé de faire connoître. En parcourant, ces jours derniers, les bons livres anglais que Prault le jeune, libraire, quai de Conti, a fait venir de Londres, je trouvai un petit volume intitulé : *The Works in verse and prose of dr. Thomas Parnell, late Archdeacon of Clogher*; c'est-à-dire, *OEuvres en vers et en prose du docteur Thomas Parnell* (mort il y a cinquante ans), *archidiacre de Clogher*. Dans ce volume est une pièce d'environ cent trente vers, qui a pour titre : *The Hermit, l'Ermite*; c'est la source précieuse, mais cachée, où le génie créateur de M. de Voltaire a puisé. Pour vous en convaincre, je mettrai sous vos yeux l'un et l'autre *Ermite*. »

« Fréron. »

PARNELL.	VOLTAIRE.
Dans un désert écarté vivoit, dès sa plus tendre jeunesse, un ermite respectable........ Un jour il quitta sa cellule dans le dessein de connoître les hommes par lui-même.... Il avoit marché toute la matinée, et le soleil du midi enflammoit déjà les airs, lorsqu'il rencontra un jeune homme sur son chemin. « Bonjour, mon père, lui dit le jeune étranger en l'approchant. — Bonjour, mon fils », répondit le vieillard. Les complimens se suivirent, les réponses vinrent après les questions, la conversation s'engagea; et, en parlant de différentes choses, ils parvinrent à oublier les ennuis de la route. Quoique leur âge fût différent, leurs cœurs s'unirent par l'amitié. Bientôt le soleil se coucha. Un palais superbe s'offre aux regards des pèlerins; ils s'y rendent à la clarté de la lune, traversant une avenue d'arbres, dont les sommets se touchoient et formoient un berceau, sous lequel s'étendoit un tapis de gazon. Le noble maître qui l'habitoit y recevoit les voyageurs qui cherchoient un asile; sa bienfaisance n'étoit point la	............Zadig rencontra en marchant un ermite dont la barbe blanche et vénérable descendait jusqu'à la ceinture; Zadig s'arrêta, et lui fit une profonde inclination. L'ermite le salua d'un air si noble et si doux, que Zadig eut la curiosité de l'entretenir.... Il lui trouva dans la conversation des lumières supérieures... Il le pria avec instance de ne le point quitter, jusqu'à ce qu'ils fussent de retour à Babylone. « Je « vous demande moi-même « cette grâce », lui dit le vieillard.... Les deux voyageurs arrivèrent le soir à un château superbe; l'ermite demanda l'hospitalité pour lui et pour le jeune homme qui l'accompagnait. Le portier, qu'on aurait pris pour un grand seigneur, les introduisit avec une espèce de bonté dédaigneuse. On les présenta à un principal domestique, qui leur fit voir les appartemens magnifiques du maître. Ils furent admis à sa table, au bas bout, sans que le seigneur du château les honorât d'un regard; mais ils furent servis comme les autres, avec délicatesse et profusion. On leur donna ensuite à laver

PARNELL.

fille de l'humanité, mais celle de l'orgueil avide de louanges : il vouloit faire parade de ses richesses immenses. Les voyageurs arrivent; des domestiques vêtus d'une brillante livrée les introduisent; le maître les fait entrer dans un salon magnifique. Sa table gémit sous les mets précieux qui y sont étalés; tout y est supérieur à ce qu'on peut attendre de la bienfaisante hospitalité. On les conduit ensuite dans un appartement où ils doivent reposer; ils s'enfoncent dans la plume et dans la soie; ils oublient les fatigues du jour, et se livrent au sommeil le plus profond. Le lendemain matin, les voyageurs se lèvent. Un déjeuner les attend dans une salle élégante; le vin le plus délicieux est versé dans une coupe d'or. Le maître généreux les force à le goûter : ils partent contens et pleins de reconnoissance. Le seigneur fut cependant fâché d'avoir reçu ces étrangers; sa coupe s'évanouit; le jeune compagnon de l'ermite l'avoit dérobée en cachette. L'ermite fut frappé d'étonnement quand, après avoir fait quelque chemin, son compagnon lui montra

VOLTAIRE.

dans un bassin d'or garni d'émeraudes et de rubis; on les mena coucher dans un bel appartement, et le lendemain matin un domestique leur apporta à chacun une pièce d'or : après quoi on les congédia.

« Le maître de la maison, « dit Zadig en chemin, me « paraît un homme géné- « reux, quoique un peu fier; « il exerce noblement l'hos- « pitalité. » En disant ces paroles, il aperçut qu'une espèce de poche très large, que portait l'ermite, paraissait tendue et enflée; il y vit le bassin d'or garni de pierreries, que celui-ci avait volé : il n'osa d'abord en rien témoigner, mais il était dans une étrange surprise.

Vers midi, l'ermite se présente à la porte d'une maison très petite, où logeait un riche avare; il y demanda l'hospitalité pour quelques heures. Un vieux valet, mal habillé, le reçut d'un ton rude, et fit entrer l'ermite et Zadig dans l'écurie, où on leur donna quelques olives pourries, du mauvais pain, et de la bière gâtée. L'ermite but et mangea d'un air aussi content que la veille; puis, s'adressant à ce vieux valet, qui

PARNELL.

son larcin précieux. Son cœur palpita d'effroi; son trouble l'empêcha de parler, et, quelque désir qu'il en eût, il n'osa demander à se séparer de lui. Il murmura entre ses dents, et se contenta de penser tristement, et d'exprimer, par ses regards, qu'une action généreuse venoit d'être payée d'un retour bien vil et bien odieux.

Pendant qu'ils continuoient leur voyage, l'éclat du soleil s'éclipsa; les nuages se rassemblèrent, s'épaissirent, et s'étendirent sur les cieux. Le mouvement de l'air annonçoit l'approche d'un orage; les troupeaux, effrayés, couroient à travers la plaine, et sembloient par leurs cris demander un asile.

Les voyageurs cherchèrent des yeux une retraite; ils découvrirent une maison bâtie sur un terrain élevé qui paroissoit d'une grande étendue, mais qui n'étoit point cultivé; le maître de cette maison, qui étoit avare, inquiet, et sans humanité, avoit rendu ce lieu désert. Les voyageurs se traînent auprès de la porte; ils y sont à peine arrivés, que la tempête s'élève avec la plus grande fureur : les

VOLTAIRE.

les observait tous deux pour voir s'ils ne volaient rien, et qui les pressait de partir, il lui donna les deux pièces d'or qu'il avait reçues le matin, et le remercia de toutes ses attentions. « Je « vous prie, ajouta-t-il, fai- « tes-moi parler à votre « maître. » Le valet, étonné, introduisit les deux voyageurs. « Magnifique sei- « gneur, dit l'ermite, je ne « puis que vous rendre de « très humbles grâces de la « manière noble dont vous « nous avez reçus; daignez « accepter ce bassin d'or, « comme un faible gage de « ma reconnaissance. » L'avare, surpris, tomba à la renverse. L'ermite ne lui donna pas le temps de revenir de son saisissement; il partit au plus vite avec son jeune voyageur. « Mon « père, lui dit Zadig, qu'est- « ce que tout ce que je vois ? « Vous ne me paraissez res- « sembler en rien aux autres « hommes; vous volez un « bassin d'or, garni de pier- « reries, à un seigneur qui « vous reçoit magnifique- « ment, et vous le donnez à « un avare qui vous traite « avec indignité! — Mon « fils, répondit le vieillard, « cet homme magnifique,

PARNELL.

éclairs brillent au milieu de la pluie; le tonnerre roule en grondant sur leurs têtes. Ils frappent; ils appellent long-temps en vain. Le cœur du maître se sent enfin ému de quelque compassion; il tourne lentement sa porte sur ses gonds avec une espèce d'inquiétude, et l'entr'ouvre à demi aux voyageurs transis de froid. Un fagot, composé par les mains de l'économie, éclairoit les murailles nues de l'appartement. Il leur servit, pour toute nourriture, du pain noir, du vin gâté, et une très petite portion de l'un et de l'autre; aussitôt que l'orage approcha de sa fin, il s'empressa de les en avertir et de les renvoyer. L'ermite étoit surpris qu'un homme aussi riche menât une vie aussi grossière. «Pourquoi, disoit-il en lui-« même, possède-t-il une « pareille fortune, dont il « ne jouit pas, tandis que « tant d'autres manquent du « nécessaire?» Un nouvel étonnement se montra bientôt sur son visage: il vit son jeune compagnon tirer de dessous sa robe cette coupe qui avoit appartenu au riche seigneur de la veille, et récompenser de

VOLTAIRE.

« qui ne reçoit les étrangers « que par vanité et pour « faire admirer ses richesses, « deviendra plus sage. L'a- « vare apprendra à exercer « l'hospitalité. Ne vous éton- « nez de rien, et suivez-moi.» Zadig ne savait encore s'il avait affaire au plus fou ou au plus sage des hommes; mais l'ermite parlait avec tant d'ascendant, que Zadig ne put s'empêcher de le suivre.

Ils arrivèrent le soir à une maison agréablement bâtie, mais simple, où rien ne sentait la prodigalité ni l'avarice. Le maître était un philosophe retiré du monde, qui cultivait en paix la sagesse et la vertu, et qui cependant ne s'ennuyait pas; il s'était plu à bâtir cette retraite, dans laquelle il recevait les étrangers avec une noblesse qui n'avait rien de l'ostentation. Il alla lui-même au-devant des deux voyageurs, qu'il fit reposer d'abord dans un appartement commode; quelque temps après, il les vint prendre lui-même pour les inviter à un repas propre et bien entendu, pendant lequel il parla avec discrétion des dernières révolutions de Babylone...... On

PARNELL.

ce riche larcin l'impolitesse et la mauvaise réception de cet avare. Cependant le soleil reparoissoit sur la voûte azurée; les feuilles des arbres répandoient leurs parfums : la nature, attristée, avoit repris son coloris brillant; la sérénité du ciel fit sortir les voyageurs de cette triste maison, dont le maître, joyeux, referma la porte avec précaution. Tandis qu'ils marchoient, l'âme de l'ermite étoit remplie de mille pensées contraires; les actions de son compagnon se présentoient à ses yeux sous deux aspects. Il voyoit tantôt du crime, tantôt de la folie; il le détestoit s'il étoit coupable, il le plaignoit s'il n'étoit qu'insensé : il se perdoit et se confondoit dans ces réflexions. La nuit vint de nouveau, entraînant avec elle les ombres qui couvrirent le ciel. Les voyageurs eurent encore besoin d'une retraite; ils la trouvèrent. La maison étoit simple et propre, ni trop grande ni trop petite ; rien n'y sentoit la prodigalité ni l'avarice : elle sembloit répondre à l'esprit du maître, qui, tranquille et content, devoit son humanité à l'amour de la vertu, et non à

VOLTAIRE.

convint, dans la conversation, que les choses de ce monde n'allaient pas toujours au gré des plus sages; l'ermite soutint toujours qu'on ne connaissait pas les voies de la Providence, et que les hommes avaient tort de juger d'un tout dont ils n'apercevaient que la plus petite partie.

Zadig admirait comment un homme qui avait fait des choses si extravagantes, pouvait raisonner si bien; enfin, après un entretien aussi instructif qu'agréable, l'hôte reconduisit ses deux voyageurs dans leur appartement, en bénissant le ciel, qui lui avait envoyé deux hommes si sages et si vertueux.

Il leur offrit de l'argent d'une manière aisée et noble qui ne pouvait déplaire ; l'ermite le refusa, et lui dit qu'il prenait congé de lui, comptant partir pour Babylone avant le jour. Leur séparation fut tendre; Zadig surtout se sentit plein d'estime et d'inclination pour un homme si aimable. Quand l'ermite et lui furent dans leur appartement, ils firent long-temps l'éloge de leur hôte. Le vieillard, au point du jour, éveilla son cama-

PARNELL.

l'envie d'être loué. Les voyageurs arrivèrent, saluèrent le maître, et lui firent un compliment honnête, auquel il répondit ainsi: «Vous « ne me devez rien; c'est « sans orgueil et sans cha- « grin que je cède ma part « à celui qui nous donne « tout. Vous venez pour « l'amour de lui, acceptez « de même un repas plus « sobre que fastueux, et « donné de bon cœur. » Il dit, et ordonna qu'on servît. Toute sa famille fut invitée par le son d'une cloche; on parla de la vertu jusqu'au moment qu'on alla se coucher, et la conversation finit par la prière.

L'aurore se leva; le plus jeune des voyageurs, avant de partir, se glissa dans un cabinet où dormoit un enfant au berceau: c'étoit l'espérance du maître de la maison. Reconnoissance étrange! il lui tordit le cou. L'enfant devint noir, et fut bientôt étouffé. O comble de l'horreur! quoi! le fils unique de cet hôte charitable!.... Que pensa notre ermite quand cet assassinat fut commis? non, l'enfer, avec tous ses tourmens et toutes ses flammes, n'auroit pu déchirer plus vive-

VOLTAIRE.

rade: « Il faut partir, dit-il; « mais, tandis que tout le « monde dort encore, je « veux laisser à cet homme « un témoignage de mon « estime et de mon affec- « tion. » En disant ces mots, il prit un flambeau et mit le feu à la maison. Zadig, épouvanté, jeta des cris, et voulut l'empêcher de commettre une action si affreuse. L'ermite l'entraînait par une force supérieure; la maison était enflammée. L'ermite, qui était déjà assez loin avec son compagnon, la regardait brûler tranquillement. « Dieu mer- « ci, dit-il, voilà la maison de « mon cher hôte détruite de « fond en comble: l'heureux « homme! » A ces mots, Zadig fut tenté à la fois d'éclater de rire, de dire des injures au révérend père, de le battre, et de s'enfuir. Il ne fit rien de tout cela; et, toujours subjugué par l'ascendant de l'ermite, il le suivit malgré lui à la dernière couchée.

Ce fut chez une veuve charitable et vertueuse, qui avait un neveu de quatorze ans, plein d'agrémens, et son unique espérance; elle fit du mieux qu'elle put les honneurs de sa maison. Le

| PARNELL. | VOLTAIRE. |

ment son cœur. Saisi d'étonnement et d'effroi, plongé dans un silence stupide, il s'éloigne; il fuit à grands pas : le jeune homme le suit. Embarrassé par différens chemins, l'ermite demande celui qu'il faut suivre à un valet qu'il rencontre. Une rivière se présente sur le passage, il faut la traverser; le gué n'est pas facile à trouver. Une longue branche de chêne leur sert de pont; les ondes profondes écument, se courbent, et roulent au-dessous. Le jeune homme, qui semble épier le moment du crime, s'approche du valet charitable qui les guide, et le jette dans l'eau. Il tombe, s'enfonce, soulève sa tête, tourne un moment, et disparoît dans la mort. Les regards de l'ermite s'enflammèrent alors de rage et de fureur : « Homme détestable et méchant!.... » A peine a-t-il commencé ces mots, que son étrange compagnon n'est plus le même : il grandit; son visage est plus serein, plus doux; sa robe blanchit, s'allonge, et tombe jusqu'à ses pieds. Des cercles de lumière environnent ses cheveux; il répand une odeur divine à travers l'air pour-

lendemain, elle ordonna à son neveu d'accompagner les voyageurs jusqu'à un pont qui, étant rompu depuis peu, était devenu un passage dangereux. Le jeune homme, empressé, marche au-devant d'eux; quand ils furent sur le pont : « Venez », dit l'ermite au jeune homme, « il faut que je marque ma re-« connaissance à votre tante. » Il le prend alors par les cheveux, et le jette dans la rivière : l'enfant tombe, reparaît un moment sur l'eau, et est engouffré dans le torrent. « O monstre! ô le plus scélérat de tous les hommes! s'écria Zadig.—Vous m'aviez promis plus de patience, lui dit l'ermite en l'interrompant; apprenez que, sous les ruines de cette maison où la Providence a mis le feu, le maître a trouvé un trésor immense; apprenez que ce jeune homme, dont la Providence a *tordu le cou*, aurait assassiné sa tante dans un an, et vous dans deux.— Qui te l'a dit? barbare! cria Zadig; et quand tu aurais lu cet événement dans ton livre des destinées, t'est-il permis de noyer un enfant qui ne t'a point fait de mal? »

Tandis que le Babylonien

PARNELL.

pré. Des ailes brillantes s'élèvent, et développent leurs plumes nuancées sur son dos. Sa forme est céleste; des rayons lumineux partent de ses yeux, où éclate la majesté. Quoique l'indignation du pélerin fût à son plus haut degré, l'étonnement la dissipe; il ne savoit à qui il avoit affaire : son trouble se calme. L'ange rompit le silence, et sa voix ravit par son harmonie. « Tes prières, ton mérite, ta vie, que n'a jamais souillée le crime, sont montés jusqu'à l'Olympe; tes vertus ont trouvé grâce dans notre brillante région; elles ont forcé un ange d'en descendre pour rappeler la paix dans ton âme : c'est pour cette commission que j'ai quitté le ciel !.... Ne t'agenouille pas, je ne suis que ton égal; connois le gouvernement divin, et bannis tes scrupules. L'ouvrier qui a fait le monde le gouverne par sa providence; tout dépend de sa majesté sacrée, quoiqu'elle se serve des causes secondes pour opérer les fins. Sans se laisser apercevoir par les regards humains, la Toute-Puissance agit d'en haut; elle dirige vos actions sans

VOLTAIRE.

parlait, il aperçut que le vieillard n'avait plus de barbe, que son visage prenait les traits de la jeunesse; son habit d'ermite disparut; quatre belles ailes couvraient un corps majestueux et resplendissant de lumière. « O envoyé du ciel ! ô ange divin (s'écria Zadig en se prosternant), tu es donc descendu de l'Empyrée pour apprendre à un faible mortel à se soumettre aux ordres éternels ! — Les hommes, dit l'ange Jesrad, jugent de tout sans rien connaître; tu étais celui de tous les hommes qui méritais le plus d'être éclairé. » Zadig lui demanda la permission de parler. « Je me défie de moi-même, dit-il; mais oserais-je te prier de m'éclaircir un doute? Ne vaudrait-il pas mieux avoir corrigé cet enfant et l'avoir rendu vertueux que de le noyer? » Jesrad reprit : « S'il avait été vertueux et s'il eût vécu, son destin était d'être assassiné lui-même, avec la femme qu'il devait épouser et le fils qui en devait naître.... Les hommes pensent que cet enfant qui vient de périr est tombé dans l'eau par hasard; que c'est par un même hasard que cette mai-

PARNELL.

contrarier vos volontés, et permet que les fils des hommes doutent encore. Quels événemens étranges peuvent causer plus de surprise que ceux qui dernièrement ont frappé tes regards! Ils font connoître cependant la justice de l'Être souverain; mais lorsque vous ne pouvez la comprendre, apprenez à vous soumettre avec confiance. Cet orgueilleux, qui se nourrit de mets d'un si grand prix, dont la vie est trop voluptueuse pour être bonne, qui fait reposer ses hôtes dans des lits de soie, qui les oblige de boire dans le métal le plus précieux, a perdu son orgueil avec sa coupe; il recevra encore des étrangers, mais avec moins d'ostentation. L'âme de ce méchant, de cet avare soupçonneux dont la porte, toujours fermée, ne s'ouvroit jamais aux pauvres étrangers, à qui j'ai laissé cette coupe, apprendra que le ciel bénit les hommes qui sont humains; le présent qu'il a reçu, et qu'il ne méritoit pas, a réveillé la reconnoissance et la compassion dans son cœur. Notre pieux ami a long-temps marché dans le chemin de

VOLTAIRE.

son est brûlée. Mais il n'y a point de hasard; tout est épreuve ou punition, ou récompense ou prévoyance.... Faible mortel, cesse de disputer contre ce qu'il faut adorer.— Mais, dit Zadig....» Comme il disait mais, l'ange prenait déjà son vol vers la dixième sphère. Zadig, à genoux, adora la Providence, et se soumit.

PARNELL.

la vertu; mais son fils avoit à demi détaché son cœur de Dieu. Occupé de cet enfant, il passoit sa vie dans l'inquiétude, oublioit le ciel, et ne pensoit qu'à la terre. A quel excès n'avoit-il pas porté ses extravagances? Dieu, pour sauver le père, a pris le fils. Cet événement t'a paru un grand crime; mais moi j'étois chargé de porter le coup. Le pauvre père, prosterné, couché dans la poussière, avoue maintenant avec humilité, en répandant des larmes, que ce châtiment est juste. Mais qu'avoit fait ce valet? Toute sa fortune est anéantie depuis qu'il est tombé dans l'eau; cette nuit il ne pourra pas augmenter le trésor qu'il amassoit des dépouilles qu'il déroboit. Ainsi, le ciel daigne t'instruire, sois content de cette leçon: résigne-toi, vis en paix, et ne péche pas davantage. » Le jeune homme alors prit son essor en agitant ses ailes. L'ermite demeura étonné, les regards attachés sur le séraphin; il le vit arriver sur une hauteur, monter dans un char céleste, et bientôt échapper à sa vue. L'ermite le regardoit encore, et désiroit de le sui-

VOLTAIRE.

PARNELL. **VOLTAIRE.**

vre; il se jeta à genoux, et dit cette prière : « Seigneur, « que ta volonté soit faite « dans le ciel comme sur la « terre. » Il s'en retourna gaîment, chercha son ancienne demeure, et finit sa vie dans la prière et dans la piété.

« *N.B.* En corrigeant l'épreuve du plagiat de M. de Voltaire, je me suis aperçu d'une inadvertance singulière de sa part. A l'article du jeune homme jeté dans la rivière, il fait dire à l'ermite : « Apprenez que ce jeune homme dont la Providence *a tordu le cou*, etc. » Précipiter quelqu'un dans l'eau n'est pas lui *tordre le cou*; mais comme effectivement il se trouve dans l'original un enfant à qui *l'on tord le cou*, M. de Voltaire, qui de deux événemens n'en a fait qu'un, les a confondus; l'enfant à qui Parnell fait *tordre le cou* lui est revenu malgré lui dans l'esprit, et, sans y penser, il s'est servi de cette expression pour son jeune homme noyé. Il faut avouer que sa mémoire, qui d'ailleurs le sert très bien, lui a joué là un mauvais tour. »   « FRÉRON. »

LETTRE A M. FRÉRON.

« Vous avez évidemment prouvé, monsieur, que le chapitre de *l'Ermite* de Zadig est copié, trait pour trait, de *l'Ermite* de Thomas Parnell. Je crois que je ne vous ferai pas de peine en vous découvrant un autre plagiat du même auteur, qui se trouve dans le même roman de *Zadig*; c'est le chapitre intitulé *le Chien et le Cheval*. L'idée qui fait le mérite de ce chapitre, et d'après laquelle on n'aura pas manqué d'admirer encore la prodigieuse fécondité de l'auteur de *Zadig*, est servilement empruntée d'un de ces ouvrages qu'on ne lit plus; mais M. de Voltaire lit tout avec intention et avec fruit, particulièrement les livres qui paroissent tout-à-fait oubliés. De ce nombre est un roman en un seul volume in-12, imprimé en 1716, sous ce titre : *Le Voyage et les Aventures des trois princes de Sarendip, traduit du persan*. Il a fouillé cette mine inconnue; il en a tiré la pierre précieuse qu'il a enchâssée dans *Zadig*; il a mis seulement à la place d'un chameau, un chien et un cheval. Grand et sublime effort d'imagination! Lisez, monsieur, et jugez. Je suivrai votre méthode, et je transcrirai les deux textes. »

VERSION DE M. DE VOLTAIRE.	TRADUCTION DU PERSAN.
Un jour se promenant auprès d'un petit bois, Zadig vit accourir à lui un eunuque de la reine, suivi de plusieurs officiers qui paraissaient dans la plus grande inquiétude, et qui couraient çà et là comme des hommes qui cherchent ce qu'ils ont perdu de plus précieux. « Jeune homme, lui dit le premier eunuque,	Les trois princes, sortis de leurs états, entroient dans ceux d'un puissant empereur, nommé Behram. Comme ils continuoient leur route pour se rendre à la ville impériale, ils rencontrèrent un conducteur de chameaux, qui en avoit perdu un; il leur demanda s'ils ne l'avoient pas vu par hasard. Ces jeunes princes,

VERSION DE M. DE VOLTAIRE.	TRADUCTION DU PERSAN.
« n'avez-vous pas vu le chien « de la reine? » Zadig répondit modestement : « C'est « une chienne, et non pas « un chien. — Vous avez « raison, reprit le premier « eunuque. — C'est une épa- « gneule très petite, ajouta « Zadig; elle a fait depuis « peu des chiens; elle boite « du pied de devant; elle a « les oreilles très longues. — « Vous l'avez donc vue? » dit le premier eunuque, tout essoufflé. « Non, répondit « Zadig; je ne l'ai jamais « vue, et je n'ai jamais su si « la reine avait une chienne. » Précisément dans le même temps, par une bizarrerie ordinaire de la fortune, le plus beau cheval de l'écurie du roi s'était échappé des mains d'un palefrenier dans les plaines de Babylone. Le grand-veneur et tous les officiers couraient après lui avec autant d'inquiétude que le premier eunuque après la chienne. Le grand-veneur s'adressa à Zadig, et lui demanda s'il n'avait pas vu passer le cheval du roi. « C'est, répondit Zadig, « le cheval qui galope le « mieux; il a cinq pieds de « haut, le sabot fort petit; « il porte une queue de trois « pieds et demi de long; les	qui avoient remarqué dans le chemin les pas d'un semblable animal, lui dirent qu'ils l'avoient rencontré; et, afin qu'il n'en doutât point, l'aîné des trois princes lui demanda si le chameau n'étoit pas borgne; le second, interrompant, lui dit : « Ne lui manque-t-il pas une « dent? » Et le cadet ajouta : « Ne seroit-il pas boiteux? » Le conducteur assura que tout cela étoit véritable. « C'est donc votre chameau, « continuèrent-ils, que nous « avons trouvé, et que nous « avons laissé bien loin der- « rière nous? » Le chamelier, charmé de cette nouvelle, les remercia, et prit la route qu'ils lui montrèrent pour chercher le chameau. Il marcha environ vingt milles sans pouvoir le trouver; en sorte que, revenant fort chagrin sur ses pas, il retrouva le jour suivant les princes assis à l'ombre d'un plane, sur le bord d'une belle fontaine, où ils prenoient le frais. Il se plaignit à eux d'avoir marché si long-temps sans trouver son chameau. « Et, bien que « vous m'ayez donné, leur « dit-il, des marques cer- « taines que vous l'avez vu, « je ne puis m'empêcher de

13

VERSION DE M. DE VOLTAIRE.

« bossettes de son mors
« sont d'or à vingt-trois ka-
« rats, ses fers sont d'argent
« à onze deniers. — Quel
« chemin a-t-il pris? où est-
« il? demanda le grand-ve-
« neur. — Je ne l'ai pas vu,
« répondit Zadig, et je n'en
« ai jamais entendu parler. »

Le grand-veneur et le premier eunuque ne doutèrent
pas que Zadig n'eût volé le
cheval du roi et la chienne
de la reine; ils le firent
conduire devant l'assemblée
du grand Desterham, qui le
condamna au *knout* et *à passer ses jours en Sibérie* [1]. A
peine le jugement fut-il
rendu, qu'on retrouva le
cheval et la chienne.

Les juges furent dans la
douloureuse nécessité de
réformer leur arrêt; mais
ils condamnèrent Zadig à
payer quatre cents onces
d'or, pour avoir dit qu'il
n'avait point vu ce qu'il
avait vu. Il fallut d'abord
payer cette amende; après
quoi il fut permis à Zadig
de plaider sa cause au conseil du grand Desterham. Il
parla en ces termes : « Je
« vous jure que je n'ai jamais
« vu la chienne respectable

TRADUCTION DU PERSAN.

« croire que vous n'ayez
« voulu rire à mes dépens. »
Sur quoi le frère aîné pre-
nant la parole : « Vous pou-
« vez bien juger, lui répon-
« dit-il, par les signes que
« nous vous en avons don-
« nés, si nous avons eu des-
« sein de nous moquer de
« vous; et afin d'effacer de
« votre esprit la mauvaise
« opinion que vous avez,
« n'est-il pas vrai que votre
« chameau portoit d'un côté
« du beurre et de l'autre du
« miel? — Et moi, ajouta le
« second, je vous dis qu'il y
« avoit sur votre chameau
« une dame, et cette dame,
« interrompit le troisième,
« étoit enceinte : jugez, après
« cela, si nous vous avons
« dit la vérité. » Le chamelier, entendant toutes ces
choses, crut de bonne foi
qu'ils lui avoient dérobé
son chameau.

Le chamelier résolut d'a-
voir recours à la justice; et
lorsqu'ils furent arrivés à la
ville impériale, il les accusa
de ce larcin. Le juge les fit
arrêter comme des voleurs,
et commença à faire leur
procès. L'empereur, ayant
appris que les prisonniers

---

[1] La scène est à Babylone et non pas en Russie, et cependant l'auteur parle de knout et de Sibérie.

NOTES.   195

VERSION DE M. DE VOLTAIRE.

« de la reine, ni le cheval
« sacré du roi des rois; voici
« ce qui m'est arrivé. Je me
« promenais vers le petit
« bois où j'ai rencontré de-
« puis le vénérable eunuque
« et le très illustre grand-
« veneur; j'ai vu sur le sable
« les traces d'un animal, et
« j'ai jugé aisément que
« c'étaient celles d'un petit
« chien. Des sillons légers
« et longs imprimés sur de
« petites éminences de sable,
« entre les traces des pates,
« m'ont fait connaître que
« c'était une chienne dont
« les mamelles étaient pen-
« dantes, et qu'ainsi elle
« avait fait des petits il y a
« peu de jours; d'autres
« traces en un sens différent,
« qui paraissaient toujours
« avoir rasé la surface du
« sable à côté des pates de
« devant, m'ont appris qu'elle
« avait les oreilles très lon-
« gues; et comme j'ai re-
« marqué que le sable était
« toujours moins creusé par
« une pate que par les trois
« autres, j'ai compris que la
« chienne de notre auguste
« reine était un peu boi-
« teuse, si j'ose le dire. A
« l'égard du cheval du roi
« des rois, vous saurez que,
« me promenant dans les
« routes de ce bois, j'ai aper-

TRADUCTION DU PERSAN.

étoient des jeunes gens fort
bien faits, et qui avoient l'air
de qualité, voulut qu'on les
lui amenât; il fit venir aussi le
chamelier, afin d'apprendre
de lui, et en leur présence,
comment l'affaire s'étoit
passée. Le chamelier le lui
dit; et l'empereur, jugeant
que les prisonniers étoient
coupables, se tourna vers
eux, en leur disant : « Vous
« méritez la mort; néan-
« moins, comme mon incli-
« nation me porte à la clé-
« mence, je vous pardon-
« nerai si vous rendez le
« chameau que vous avez
« dérobé; mais si vous ne
« le faites pas, je vous ferai
« mourir honteusement. —
« Seigneur, répondirent-ils,
« nous sommes trois jeunes
« gens qui parcourons le
« monde pour savoir les
« coutumes et les mœurs de
« chaque nation; dans cette
« vue, nous avons commen-
« cé par vos états, et en
« chemin faisant nous avons
« trouvé le chamelier, qui
« nous a demandé si nous
« n'avions pas par hasard
« rencontré un chameau
« qu'il prétend avoir perdu
« dans la route. Quoique
« nous ne l'ayons pas vu,
« nous lui avons répondu
« en riant que nous l'avions

VERSION DE M. DE VOLTAIRE.	TRADUCTION DU PERSAN.
« eu les marques des fers d'un cheval; elles étaient toutes à égale distance. « Voilà, ai-je dit, un cheval qui a un galop parfait. « La poussière, dans une route étroite qui n'a que sept pieds de large, était un peu enlevée à droite et à gauche, à trois pieds et demi du milieu de la route. Ce cheval, ai-je dit, a une queue de trois pieds et demi qui, par ses mouvemens de droite et de gauche, a balayé cette poussière; j'ai vu, sous les arbres qui formaient un berceau de cinq pieds de haut, les feuilles des branches nouvellement tombées, et j'ai connu que ce cheval y avait touché, et qu'ainsi il avait cinq pieds de haut. Quant à son mors, il doit être d'or à vingt-trois karats; car il en a frotté les bossettes contre une pierre que j'ai reconnue être une pierre de touche, et dont j'ai fait l'essai. J'ai jugé, enfin, par les marques que ses fers ont laissées sur des cailloux d'une autre espèce, qu'il était ferré d'argent à onze deniers de fin. » Tous les juges admirèrent le profond et le subtil discerne-	« rencontré; et afin qu'il ajoutât plus de foi à nos paroles, nous lui avons dit toutes les circonstances qu'il vous a racontées. C'est pourquoi, n'ayant pu trouver son chameau, il a cru que nous l'avions dérobé; et, sur cette chimère, il nous a fait mettre en prison. Voilà, seigneur, comme la chose s'est passée, et si elle ne se trouve pas véritable, nous sommes prêts à subir tel genre de supplice qu'il plaira à votre majesté d'ordonner. » L'empereur, ne pouvant se persuader que les indices qu'ils avoient donnés au chamelier se trouvassent si justes par hasard: « Je ne crois pas, leur dit-il, que vous soyez sorciers; mais je vois bien que vous avez volé le chameau, et que c'est pour cela que vous ne vous êtes pas trompés dans les six marques que vous en avez données au chamelier; ainsi, il faut ou le rendre ou mourir. » En achevant ces mots, il ordonna qu'on les remît en prison et qu'on achevât leur procès. Les choses étoient en cet état, lorsqu'un voisin du chamelier, revenant de la

VERSION DE M. DE VOLTAIRE.	TRADUCTION DU PERSAN.
ment de Zadig; la nouvelle en vint jusqu'au roi et à la reine. On ne parlait que de Zadig dans les antichambres, dans la chambre et dans le cabinet. Le roi ordonna qu'on lui rendît l'amende des quatre cents onces d'or à laquelle il avait été condamné.	campagne, trouva dans le chemin le chameau perdu; il le prit, et l'ayant reconnu, il le rendit dès qu'il fut de retour à son maître. Le chamelier, ravi d'avoir retrouvé son chameau, et chagrin en même temps d'avoir accusé des innocens, alla vers l'empereur pour le lui dire, et pour le supplier de les faire mettre en liberté. L'empereur l'ordonna aussitôt; il les fit venir, et leur témoigna la joie qu'il avoit de leur innocence, et combien il étoit fâché de les avoir traités si rigoureusement; ensuite il désira savoir comment ils avoient pu donner des indices si justes d'un animal qu'ils n'avoient pas vu. Ces princes voulant le satisfaire, l'aîné prit la parole, et lui dit : « J'ai su, « seigneur, que le chameau « étoit borgne, en ce que, « comme nous allions dans « le chemin par où il a pas-« sé, j'ai remarqué d'un côté « que l'herbe étoit toute ron-« gée et beaucoup plus « mauvaise que celle de l'au-« tre, où il n'avoit pas tou-« ché; ce qui m'a fait croire « qu'il n'avoit qu'un œil, « parce que sans cela il n'au-« roit jamais laissé la bonne « pour manger la mauvaise. »

VERSION DE M. DE VOLTAIRE.	TRADUCTION DU PERSAN.
	Le puîné, interrompant le discours : « Seigneur, dit-il, « j'ai connu qu'il manquoit « une dent au chameau, en « ce que j'ai trouvé dans le « chemin, presque à chaque « pas que je faisois, des bou-« chées d'herbes à demi « mâchées, de la longueur « d'une dent d'un semblable « animal. — Et moi, dit le « troisième, j'ai jugé que ce « chameau étoit boiteux, « parce qu'en regardant les « vestiges de ses pieds, j'ai « conclu qu'il falloit qu'il en « traînât un par les traces « qu'il laissoit. » L'empereur fut très satisfait de toutes ces réponses ; et, curieux de savoir encore comment ils avoient pu deviner les autres marques, il les pria instamment de le lui dire ; sur quoi l'un des trois lui dit : « Je me suis aperçu, « sire, que le chameau étoit « chargé d'un côté de beurre « et de l'autre de miel, de « ce que, pendant l'espace « d'une grande lieue, j'ai vu « sur la droite de sa route « une grande multitude de « fourmis qui cherchent le « gras, et sur la gauche une « grande quantité de mou-« ches qui aiment le miel. » Le second dit : « Et moi, « seigneur, j'ai jugé qu'il y

VERSION DE M. DE VOLTAIRE.	TRADUCTION DU PERSAN.
	« avoit une femme dessus cet animal, en ce qu'ayant vu un endroit où ce chameau s'est agenouillé, j'ai remarqué la forme d'un soulier de femme, auprès duquel il y avoit un peu d'eau d'une odeur fade et aigre qui m'a fait connoître que c'étoit de l'urine de femme. — Et moi, dit le troisième, j'ai conjecturé que cette femme étoit enceinte par les marques de ses mains imprimées sur la terre, parce que, pour se lever plus commodément après avoir satisfait à ses besoins, elle s'étoit sans doute appuyée sur ses mains, afin de mieux soulager le poids de son corps. » L'empereur fit mille amitiés aux princes, les invita à faire quelque séjour dans ses états, les logea dans son palais, les y fit servir comme des rois, et les vit tous les jours, goûtant beaucoup leur conversation.[1]

[1] Je suppose qu'on ne saura pas mauvais gré à Voltaire d'avoir supprimé un grand nombre de ces derniers détails, que j'ai conservés par respect pour un texte curieux. Si le spirituel Zadig est ici évidemment plagiaire, il faut au moins lui en rendre grâces : il en est de l'homme de génie comme du joueur.

LETTRE A M. FRÉRON.

« Un voyage que j'ai fait dans le pays étranger m'avoit obligé, monsieur, d'interrompre la lecture de vos feuilles. Je suis de retour, et je me remets au courant. Je viens de lire le dernier volume de votre *Année* 1770. Dans le compte que vous y rendez du *Portefeuille d'un Homme de goût*, compilé par un abbé sans goût, vous parlez d'une fable très ingénieuse de M. de Voltaire, intitulée *le Lion et le Marseillois*; vous en avez rapporté les traits les plus heureux, tels que ceux-ci :

> Un jour un Marseillois, trafiquant en Afrique,
> Aborda le rivage où fut jadis Utique.
> Comme il se promenait dans le fond d'un vallon,
> Il trouva nez à nez un énorme lion....
> Le plus horrible effroi saisit le voyageur;
> Il n'était pas Hercule, et, tout transi de peur,
> Il se mit à genoux et demanda la vie.
> Le monarque des bois, d'une voix radoucie,
> Lui dit en bon français : Ridicule animal,
> Tu veux donc qu'aujourd'hui de souper je me passe !
> Écoute, j'ai dîné : je veux te faire grâce,
> Si tu peux me prouver qu'il est contre les lois
> Que le soir un lion soupe d'un Marseillois.
> Le marchand, à ces mots, conçut quelque espérance;
> Il avait eu jadis un grand fonds de science, etc.

Il conclut que l'homme étoit le roi de la nature; que Dieu avoit fait un pacte avec le lion :

> Il vous recommanda d'être clément et sage;
> De ne toucher jamais à l'homme, son image.

« Le lion répondit :

> Montre l'original de mon pacte avec Dieu;
> Par qui fut-il écrit? en quel temps? dans quel lieu?
> Je vais t'en montrer un plus sûr, plus véritable :
> De ces quarante dents vois la file effroyable,
> Ces ongles dont un seul te pourrait déchirer,
> Ce gosier écumant prêt à te dévorer....
> Ce Dieu, dont mieux que toi je connais la prudence,
> Ne donne pas la faim pour qu'on fasse abstinence.
> Toi-même as fait passer sous tes chétives dents
> D'imbéciles dindons, des moutons innocens,
> Qui n'étaient pas formés pour être ta pâture.
> Ton débile estomac, honte de la nature,
> Ne pourrait seulement, sans l'art d'un cuisinier,
> Digérer un poulet, qu'il faut encor payer....
> — Sire, les Marseillois ont une âme immortelle;
> Ayez, dans vos repas, quelque respect pour elle...
> Pour gagner quelque argent j'ai quitté mon pays,
> Je laisse dans Marseille une femme et deux fils.
> Mes malheureux enfans, réduits à la misère,
> Iront à l'hôpital, si vous mangez leur père....
> — Et moi, n'ai-je donc pas une femme à nourrir?
> Mon petit lionceau ne peut encor courir,
> Ni saisir de ses dents ton espèce craintive.
> Je lui dois la pâture; il faut que chacun vive.
> Et pourquoi sortais-tu d'un terrain fortuné,
> D'olives, de citrons, de pampres couronné?
> Pourquoi quitter ta femme et ce pays si rare? etc., etc.

« Le fond et les détails de cette pièce se trouvent dans *la Fable des Abeilles* de Mandeville, édition in-12; Londres, chez Jean Nourse, 1760, tome I, page 258, remarque P. Je vais, monsieur, pour vous en convaincre, copier l'original de cet apologue:

Le Marchand et le Lion, fable.

« Un marchand romain, durant la première guerre punique, avoit fait naufrage sur la côte d'Afrique. Ce malheureux maître, accompagné d'un seul esclave, prit terre avec beaucoup de peine. Occupés l'un et l'autre à chercher du secours, ils furent rencontrés par un lion d'une grandeur énorme. Ce lion savoit non seulement diverses langues, mais paroissoit, de plus, parfaitement instruit des affaires humaines. L'esclave, effrayé, monta promptement sur un arbre. Le maître vint se prosterner devant le lion avec toutes les marques de la soumission la plus respectueuse. Le lion, qui avoit depuis peu apaisé sa faim, l'assura qu'il ne le toucheroit pas, s'il lui alléguoit quelques raisons passables pour prouver qu'il ne devoit pas être mangé. Le marchand, rassuré, fit un discours pathétique du naufrage qu'il avoit essuyé. Ensuite, étalant avec art l'excellence de la nature humaine et de sa capacité, il représenta qu'il n'étoit pas vraisemblable que les dieux ne l'eussent pas destiné pour un meilleur usage que pour être dévoré par les bêtes féroces. Le lion, à ces mots, devenu plus attentif, daigna de temps en temps répondre à l'orateur, jusqu'à ce qu'enfin, ennuyé de ces longs discours, il l'interrompit; et ils eurent entre eux le dialogue suivant :

LE LION.

« O animal également vain et avide, toi qui, conduit par la vanité et par ton avarice, as quitté ton pays natal, où tu pouvois trouver abondamment de quoi satisfaire tes besoins naturels! Tu parcours les mers orageuses, tu grimpes sur les montagnes dangereuses pour te procurer le superflu. Quelle est donc l'excellence que ton espèce a par-dessus la nôtre? Si les dieux t'ont donné une supériorité sur toutes les créatures, pourquoi, timide et rampant, supplies-tu aujourd'hui un inférieur?

LE MARCHAND.

« Notre supériorité ne consiste pas dans les forces corporelles, mais dans celles de l'entendement. Les dieux nous ont doué d'une âme raisonnable, qui, quoique invisible, est ce que nous avons de meilleur.

LE LION.

« Je ne veux rien toucher de ta personne que ce qui est bon à manger. Mais pourquoi l'estimes-tu tant à cause de cette partie qui est invisible?

LE MARCHAND.

« Parce qu'elle est immortelle, et qu'elle sera récompensée après la mort, pour les actions de cette vie, et parce que le juste jouira dans les Champs-Élysées, avec les héros et les demi-dieux, d'une félicité et d'une tranquillité éternelle.

LE LION.

« Quelle vie as-tu donc menée?

LE MARCHAND.

« J'ai honoré les dieux, et j'ai tâché d'être utile aux hommes.

LE LION.

« Pourquoi donc crains-tu la mort, si tu crois les dieux aussi justes que tu l'as été ?

LE MARCHAND.

« J'ai une femme et cinq petits enfans, qui tomberont dans la misère s'ils me perdent.

LE LION.

« J'ai deux lionceaux qui sont encore trop jeunes pour trouver le moyen de vivre par eux-mêmes. Pressés maintenant de la faim, ils doivent actuellement mourir de misère, si je ne leur apporte rien pour les soulager. Tes enfans se tireront bien d'affaire sans toi; du moins ils ne seront pas plus malheureux à cet égard, quand je t'aurai mangé, qu'ils l'auroient été si tu avois péri dans le naufrage.... Le lion, né sans compassion, suit l'instinct de sa nature. Les dieux nous ont ordonné de vivre de notre proie et de la chair des autres animaux.... La nature avoit appris à votre estomac à ne demander que des végétaux. Mais votre passion violente pour la variété et votre fureur insensée pour la nouveauté, vous ont poussé à détruire les animaux sans raison et sans nécessité. Vous avez perverti votre nature, et vos appétits se sont tournés, suivant que votre vanité, votre luxe et vos plaisirs insensés l'ont voulu. Les esprits animaux et la chaleur intérieure du lion sont tels, que la fermentation qu'ils causent dans son estomac est capable de consumer et de dissoudre la peau la plus coriace, les os les plus durs, et par conséquent la chair de tous les animaux sans exception. Au contraire, votre estomac est si délicat, que sa chaleur foible et peu agissante ne peut digérer que les parties les plus tendres des animaux ; encore faut-il qu'elles aient été auparavant plus de la moitié digérées par le feu artificiel..... Vous dites que les dieux ont fait l'homme maître de toutes les autres créatures. Quelle n'est donc pas sa tyrannie de les détruire cruellement par simple délicatesse !.... Si la nature avoit eu intention que l'homme, en tant qu'homme, et en conséquence de sa supériorité, dominât sur tous les autres animaux, le tigre, que dis-je! la baleine et l'aigle obéiroient même à sa voix. »

« Vous voyez bien évidemment, monsieur, que l'idée très philosophique de la fable ou du conte du Marseillois n'appartient pas à M. de Voltaire ; il a très peu de propriétés en ce genre ; vous conviendrez, cependant, que c'est surtout par les idées qu'un poëte est vraiment poëte ; que c'est là ce qui constitue son génie, et qu'il n'est qu'écrivain dès qu'il ne sait que colorier les inventions et les pensées d'autrui. A Dieu ne plaise qu'on me soupçonne de vouloir, par cette remarque, déprimer le mérite de M. de Voltaire. Dans la foule des arts et des talens qui nous environnent, on fait cas, avec raison, d'un habile metteur en œuvre et d'un agréable vernisseur.

« J'ai l'honneur d'être, etc. »

Note J, Page 21.

MONTAIGNE.
LIV. 1er, CHAP. XVIII.

Qu'il ne faut juger de notre heur qu'après la mort.

Et semble que la fortune quelquesfois guette à point nommé le dernier jour de notre vie, pour montrer sa puissance, de renverser en un moment ce qu'elle a basti en longues années, et nous fait crier après Laberius : *Nimirùm hâc die unâ plus vixi mihi quàm vivendum fuit....* On ne doit juger l'homme qu'on ne lui ait vu jouer le dernier acte de sa comédie, et sans doute le plus difficile.... En tout le reste il peut y avoir du masque.... Mais à ce dernier roolle de la mort et de nous, il n'y a plus que feindre, il faut parler françois....

Nam veræ voces tum demum
pectore ab imo
Ejiciuntur, et eripitur persona,
manet res.

Voilà pourquoi se doivent à ce dernier trait, toucher et esprouver toutes les autres actions de nostre vie. C'est le maistre jour, c'est le jour juge de tous les autres.... Epaminondas, interrogé lequel des trois il estimoit le

CHARRON.
LIV. II, CHAP. II.

Se tenir toujours prêt à la mort : fruit de sagesse.

Le jour de la mort est le maître jour, le juge de tous les autres jours, auquel se doivent toucher et éprouver toutes les actions de notre vie.... Pour juger de la vie, il faut regarder comment s'en est porté le bout. L'on ne peut bien juger de quelqu'un, sans lui faire tort, que l'on ne lui aye vu jouer le dernier acte de sa comédie, qui est sans doute le plus difficile. Epaminondas, le premier de la Grèce, enquis lequel il estimoit plus de trois hommes, de lui, Chabrias, et Iphicrates, répondit : Il nous faut voir premièrement mourir tous trois avant en résoudre. La raison est qu'en tout le reste il peut y avoir du masque, mais à ce dernier roollet il n'y a que feindre : *Nam veræ voces*, etc.

D'ailleurs, la fortune semble nous guetter à ce dernier jour, comme à point nommé, pour montrer sa puissance, renverser en un moment ce que nous avons

MONTAIGNE.	CHARRON.
plus, ou Chabrias, ou Iphicrates, ou soi-même? Il nous faut voir mourir, dit-il, avant que d'en pouvoir résoudre.... Au jugement de la vie d'autrui, je regarde toujours comment s'en est porté le bout....	basti et amassé en plusieurs années, et nous faire crier, avec Laberius : *Nimirùm hâc die unâ plus vixi*, etc.

CHAP. XIX.

Que philosopher c'est apprendre à mourir.

Toute la sagesse et discours du monde se résoult enfin à ce point de nous apprendre à ne craindre point à mourir.	C'est chose excellente que d'apprendre à mourir; c'est l'étude de la sagesse qui se résoult toute à ce but....
Vous en avez veu qui se sont bien trouvés de mourir, eschapant par là de grandes misères. Mais quelqu'un qui s'en soit mal trouvé, en avez-vous veu?....	Jamais la mort présente ne fit de mal à personne; et aucun de ceux qui l'ont essayée et savent ce que c'est, ne s'en est plaint. . . . .
Chiron refusa l'immortalité, informé des conditions d'icelle, par le dieu même du temps et de la durée, Saturne, son père. Imaginez, de vrai, combien seroit une vie perdurable, moins supportable à l'homme, et plus pénible que n'est la vie que je lui ay donnée. Si vous n'aviez la mort, vous me maudiriez sans cesse de vous en avoir privé. J'y ay à escient, meslé quelque peu d'amertume, pour vous empescher, voyant la commo-	S'il n'y avoit point de mort, et qu'il fallût demeurer ici bon gré mal gré, certes, l'on la maudiroit. Imaginez combien seroit moins supportable et plus pénible, une vie perdurable, que la vie avec la condition de la laisser. Chiron refusa l'immortalité, informé des conditions d'icelle, par le dieu du temps, Saturne, son père. Que seroit-ce, d'autre part, s'il n'y avoit quelque peu d'amertume meslé en la mort?

MONTAIGNE.

dité de son usage, de l'embrasser trop avidement et indiscrètement.....

Le but de notre carrière, c'est la mort..... Comment est-il possible d'aller au pas avant sa fièvre? Le remède du vulgaire c'est de n'y penser pas. Mais de quelle brutale stupidité lui peut venir un si grossier aveuglement?.... Ils vont, ils viennent, ils trottent, ils dansent: de mort nulles nouvelles. Tout cela est beau; mais quand elle arrive, ou à eux, ou à leurs femmes... les surprenant en dessoude et au découvert, quels tourmens, quels cris, quelle rage et quel désespoir les accable?... Pour commencer à lui oster son plus grand avantage contre nous, prenons voye toute contraire à la commune Ostons-lui son estrangeté. . . . .
. . . .
Si vous avez vescu un jour, vous avez tout veu; un jour est égal à tous jours. Il n'y a point d'autre lumière ny d'autre nuict. Ce soleil, cette lune, ces estoiles, cette disposition, c'est celle même que vos ayeuls ont jouye, et qui entretiendra vos arrière neveux. Et, au pis aller, la distribution

CHARRON.

Certes, l'on y courroit trop avidement et indiscrètement....

Le remède que baille en cecy le vulgaire est trop sot, qui est de n'y penser point, de n'en parler jamais. Outre que telle nonchalance ne peut loger en la teste d'homme d'entendement, encore enfin coûteroit-elle trop cher; car advenant au despourveu la mort, quels tourmens, cris, rage, désespoir! La sagesse conseille bien mieux de l'attendre de pied ferme et de la combattre; et, pour ce faire, nous donne un avis tout contraire au vulgaire: c'est de l'avoir toujours en la pensée, la pratiquer, l'accoutumer, l'apprivoiser, etc.
. . . .

Tu as tout veu; un jour est égal à tous; il n'y a point d'autre lumière ni d'autre nuict, d'autre soleil ny d'autre train au monde; au pis aller, tout se voit en un an. L'on y voit la jeunesse, l'adolescence, la virilité, la vieillesse du monde. Il n'y a autre finesse que de recommencer.

MONTAIGNE.   CHARRON.

et variété de tous les actes de ma comédie se parfournit en un an. Si vous avez pris garde au branle de mes quatre saisons, elles embrassent l'enfance, l'adolescence, la virilité, et la vieillesse du monde. Il a joué son jeu; il n'y sait autre finesse que de recommencer : ce sera tousjours cela même.

LIV. II, CHAP. III.

Coustume de l'isle de Cea.

La plus volontaire mort, c'est la plus belle.... Comme je n'offense les loix qui sont faites contre les larrons, quand j'emporte le mien et que je coupe ma bourse, ni des boute-feux quand je brûle mon bois; aussi ne suis-je tenu aux loix faictes contre les meurtriers, pour m'avoir osté ma vie.... Mais ceci ne va pas sans contraste; car plusieurs tiennent que nous ne pouvons abandonner ceste garnison du monde, sans le commandement exprès de celuy qui nous y a mis.... Il y a bien plus de constance à user la chaîne qui nous tient qu'à la rompre; et plus d'épreuves de fermeté en Régulus qu'en Caton. C'est l'indiscrétion et l'impatience qui nous hâtent le pas. Nuls accidens ne font

La plus volontaire mort est la plus belle. Au reste, je n'offense pas les loix faites contre les larrons, quand j'emporte le mien et je coupe ma bourse. Aussi ne suis-je tenu aux loix faites contre les meurtriers, pour m'avoir osté la vie. D'ailleurs elle est réprouvée par plusieurs, non seulement chrétiens et juifs.... et philosophes comme Platon, Scipion, lesquels tiennent cette procédure pour vice de lascheté, couardise et impatience; car c'est s'aller cacher et tappir pour ne sentir les coups de la fortune. Or, la vraie et vive vertu ne doit jamais céder : les maux et les douleurs sont ses alimens; il y a bien plus de constance à user la chaîne qui nous tient qu'à la rompre, et plus de fer-

MONTAIGNE.	CHARRON.
tourner le dos à la vraie vertu.... C'est le roole de la couardise de s'aller tappir dans un creux, sous une tombe massive, pour éviter les coups de la fortune.	meté en Régulus qu'en Caton.

Note K, Page 41.

MONTAIGNE.

LIV. II, CHAP. XII.

Ceste mesme piperie que les sens apportent à nostre entendement, ils la reçoivent à leur tour; nostre âme par fois s'en revanche de mesme, ils mentent et se trompent à l'envy.

Quelle bonté est-ce que je veoyois hier en crédit, et demain plus, et que le trajet d'une rivière fait crime? Quelle vérité que ces montagnes bornent, qui est mensonge au monde qui se tient au-delà!

Le meurtre des enfans, meurtre des pères, communication de femmes, traficque de voleries, licence à toutes sortes de voluptez; il

PASCAL.

Les sens abusent la raison par de fausses apparences, et cette même piperie qu'ils lui apportent, ils la reçoivent d'elle à leur tour; elle s'en revanche. Les passions de l'âme troublent les sens et leur font des impressions fâcheuses. Ils mentent et se trompent à l'envi.

On ne voit presque rien de juste ou d'injuste qui ne change de qualité en changeant de climat. Trois degrés d'élévation du pôle renversent toute la jurisprudence. Un méridien décide de la vérité. Les lois fondamentales changent. Le droit a ses époques. Plaisante justice qu'une rivière ou une montagne borne! Vérité au-deçà des Pyrénées, erreur au-delà....
. . . .
Pourquoi me tuez-vous? Eh quoi! ne demeurez-vous pas de l'autre côté de l'eau?

Le larcin, l'inceste, le meurtre des enfans et des pères, tout a eu sa place entre les actions vertueuses.
. . . .

MONTAIGNE.

n'est rien en somme si extrême qui ne se treuve receue par l'usage de quelque nation. Il est croyable qu'il y a des loix naturelles, comme il se veoid ès aultres créatures, mais cette belle raison humaine s'ingérant partout de maîtriser et commander, brouillant et confondant le visage des choses selon sa vanité et inconstance : *nihil itaque ampliùs nostrum est, quod nostrum dico artis est.....*

Un souffle du vent contraire, le croassement d'un vol de corbeaux, le faulx pas d'un cheval, le passage fortuit d'un aigle, un songe, une voix, un signe, une bronée matinière, suffisent à le renverser et porter par terre. Donnez-lui seulement d'un rayon de soleil par le visage, et le voilà fondu et évanoui.

Qu'on jette une poultre entre ces deux tours de Notre-Dame de Paris, d'une grosseur telle qu'il nous la fault à nous promener dessus, il n'y a sagesse philosophique de si grande fermeté qui puisse nous donner courage d'y marcher comme si elle estoit à terre.

PASCAL.

Il y a sans doute des lois naturelles, mais cette belle raison humaine a tout corrompu. *Nihil ampliùs nostri est, quod nostrum dicimur artis est; ex senatûs consultis et plebiscitis crimina exercentur, ut olim vitiis, sic nunc legibus nostris laboramus.*

L'esprit du plus grand homme du monde n'est pas si indépendant qu'il ne soit sujet à être troublé par le moindre tintamare qui se fait autour de lui; il ne faut pas le bruit d'un canon pour empêcher ses pensées; il ne faut que le bruit d'une girouette ou d'une poulie.

Le plus grand philosophe du monde, sur une planche plus large qu'il ne faut pour marcher à son ordinaire, s'il y avoit au-dessous un précipice, quoique sa raison le convainque de sa sûreté, son imagination prévaudra.

| MONTAIGNE. | PASCAL. |

LIV. II, CHAP. XII.

Cette variation et contradiction que je vois en nous, si souple, a faict que certains auteurs nous songent deux âmes, d'aultres deux puissances, qui nous accompaignent et agitent chascune à sa mode, vers le bien l'une, l'aultre vers le mal; une si brusque diversité ne se pouvant bien assortir à un subject simple.

Suivons nos mouvemens, observons-nous nous-mêmes, et voyons si nous n'y trouverons pas les caractères vivans de ces deux natures. Tant de contradictions se trouveroient-elles dans un sujet simple? Cette duplicité de l'homme est si visible, qu'il y en a qui ont pensé que nous avions deux âmes, un sujet simple leur paroissant incapable de telles et si soudaines variétés, d'une présomption démesurée à un horrible abattement de cœur.

LIV. III, CHAP. XIII.

Il n'est rien si lourdement et largement faultier que les loix, ny si ordinairement. Quiconque leur obéit parce qu'elles sont justes, ne leur obéit pas justement par où il doibt.

Rien n'est si fautif que ces lois qui redressent les fautes. Qui leur obéit parce qu'elles sont justes, obéit à la justice qu'il imagine, mais non pas à l'essence de la loi.

Note L, Page 43.

TIMÉE DE LOCRES.

Dieu est un cercle immense dont le centre est partout et la circonférence nulle part.

N. B. Je dois convenir que je ne donne cette pensée à Timée de Locres que sur la foi des auteurs nombreux qui l'ont citée. Je ne l'ai pas trouvée dans le texte.

PASCAL.

Nous avons beau enfler nos conceptions, nous n'enfantons que des atomes au prix de la réalité des choses. C'est une sphère infinie dont le centre est partout, la circonférence nulle part.

Note M, Page 92.

Je rapporterai deux de ces pastiches, non comme les meilleurs d'un homme qui est réellement fort habile en ce genre, mais comme les plus courts de sa collection. Le premier paroît être d'après La Bruyère, et le second d'après Bernardin de Saint-Pierre.

Quoique la gloire soit infiniment peu de chose en soi, et ne vaille point qu'on sacrifie son repos à un vain appétit de la fumée qu'elle donne, je ne désapprouve pas tout-à-fait la recherche qu'un si grand nombre d'hommes font de ce fantôme, tant qu'ils ont l'espérance de l'embrasser pendant le cours de leur vie, car l'espoir même est une chose de valeur; et les mensonges qui divertissent nos misères méritent d'être prisés à l'égal des vérités: mais qui pourroit comprendre qu'une créature raisonnable perdît ses jours dans un asservissement incommode, pour vivre après sa mort dans le jugement de la multitude?

Je conviens avec vous, Criton, qu'il y a peu de sagesse à pâlir vingt ans sur des lois barbares pour arriver à cette gloire de s'orner de la fourrure d'un petit quadrupède du Nord, et qu'on paye cher un regard du souverain quand on l'achète au milieu du tumulte et du danger des batailles; c'est une grande vanité des hommes de rechercher à si haut prix des jouissances frivoles, quand ils en pourroient goûter librement en eux-mêmes de plus pures et de plus solides; et Cynéas a dit avant vous, Criton, que le repos étant le complément de tous les biens, il étoit absurde d'y marcher par tant de biais quand on pouvoit s'y tenir dès l'abord. Mais vous, qui êtes souverainement prudent et sage, et qui dédaignez d'un mépris plus qu'humain toutes les foiblesses puériles de vos semblables, dites-nous, Criton, quel souci secret vous travaille depuis quelques années? Pourquoi vous a-t-on vu tout à coup, volontairement exilé du monde, abandonner l'état honnête qui vous faisoit vivre, et la maison de vos parens, et la société de vos amis, et la cité qui réclamoit vos services? D'où vient que votre tête a blanchi avant l'âge, que vos membres se sont desséchés, que vos yeux se sont troublés comme ceux d'un maniaque? Êtes-vous malade, insensé ou poète? Je ne me suis point mépris. Vous travaillez à une grande épopée, qui doit porter votre nom jusque dans les siècles les plus reculés du monde, si la mort prématurée dont la misère vous menace attend pour vous frapper que ce bel ouvrage soit à son terme. J'aime à croire, puisque telle est votre fantaisie, que la poussière des pyramides sera depuis long-temps balayée par le vent avant que les vers de Criton soient sortis de la mémoire des hommes, et que la postérité révérera le nom de Criton au prix de Virgile et d'Homère. Mais en quoi ce nom vous est-il si cher, que vous lui fassiez le sacrifice de vos loisirs, de votre tranquillité, de votre vie entière? Qu'y a-t-il de commun entre vous et la combinaison de deux articulations prises au hasard dans l'immense magasin des langues, pour qu'un bruit incertain de renommée, qui les accompagnera dans l'avenir, vous paroisse digne des soins qui ont sillonné votre visage? O louable vocation! admirable emploi du temps! homme vraiment judicieux, qui sourit, du haut de sa sagesse, de voir le vulgaire se consumer en efforts, pour des cordons et des hermines, et qui n'aspire, quant à lui, qu'à faire retentir, à travers les temps qui ne seront peut-être jamais, six lettres de l'alphabet arrangées d'une certaine sorte!

Au treillis serré qui garnit sa fenêtre rustique, la capucine du Pérou accroche de toutes parts ses tymbales d'un vert mat et ses cornets mordorés, tandis qu'un vieux lierre, décoration naturelle de la maison du pauvre, garnit tout le mur extérieur de ses fraîches tentures, où pendent de petits bouquets de bayes noires comme le jais.

Note N, Page 93.

D'APRÈS BALZAC.

A M. LE DUC DE VIVONNE.

Aux Champs-Élysées, le 2 juin.

Monseigneur, le bruit de vos actions ressuscite les morts; il réveille des gens endormis depuis trente années, et condamnés à un sommeil éternel; il fait parler le silence même. La belle, l'éclatante, la glorieuse conquête que vous avez faite sur les ennemis de la France! Vous avez redonné le pain à une ville qui a accoutumé de le fournir à toutes les autres. Vous avez nourri la mer nourrice de l'Italie. Les tonnerres de cette flotte, qui vous fermoit les avenues de son port, n'ont fait que saluer votre entrée. Sa résistance ne vous a pas arrêté plus longtemps qu'une réception un peu trop civile. Bien loin d'empêcher la rapidité de votre course, elle n'a pas seulement interrompu l'ordre de votre marche. Vous avez contraint, à sa vue, le sud et le nord de vous obéir. Sans châtier la mer, comme Xerxès, vous l'avez rendue disciplinable. Vous avez plus fait encore : vous avez rendu l'Espagnol humble. Après cela, que ne peut-on point dire de vous ? Non, la nature, je dis la nature encore jeune, et du temps qu'elle produisoit les Alexandre et les César, n'a rien produit de si grand que sous le règne de Louis XIV. Elle a donné aux Français, sur son déclin, ce que Rome n'a pas obtenu d'elle dans sa plus grande maturité. Elle a fait voir au monde, dans votre siècle, en corps et en âme, cette valeur parfaite dont on avoit à peine entrevu l'idée dans les romans et dans les poëmes héroïques. N'en déplaise à un de vos poètes, il n'a pas de raison d'écrire qu'au-delà du Cocyte le mérite n'est plus connu. Le vôtre, monseigneur, est vanté ici, d'une commune voix, des deux côtés du Styx. Il fait sans cesse ressouvenir de vous, dans le séjour même de l'oubli; il trouve des partisans zélés dans le pays de l'indifférence. Il met l'Achéron dans les intérêts de la Seine. Disons plus : il n'y a point d'ombre parmi nous, si prévenue des principes du portique, si endurcie dans l'école de Zénon, si fortifiée contre la joie et contre la douleur, qui n'entende vos louanges avec plaisir, qui ne crie miracle ! au moment où l'on vous nomme, et qui ne soit prête de dire, avec votre Malherbe :

> A la fin, c'est trop de silence,
> En si beau sujet de parler.[1]

Pour moi, monseigneur, qui vous connois encore

---

[1] On ne peut s'occuper de plagiat sans se rappeler que ces deux vers ont été plaisamment dérobés par Scarron :

> Or çà, tout de bon, je commence.
> Aussi bien, c'est trop de silence
> En si beau sujet de parler.
> Ces vers sont ici d'importance :
> J'ai fort bien fait de les voler.

beaucoup mieux, je vous médite sans cesse dans mon repos; je m'occupe tout entier de votre idée, dans les longues heures de notre loisir. Je crie continuellement : le grand personnage! et si je souhaite de revivre, c'est moins pour revoir la lumière que pour jouir de la souveraine félicité de vous entretenir, et de vous dire de bouche, avec combien de respect je suis, de toute l'étendue de mon âme, etc.

D'APRÈS VOITURE.

A M. LE DUC DE VIVONNE.

Aux Champs-Élysées, le 2 juin.

Monseigneur, bien que nous autres morts ne prenions pas grand intérêt aux affaires des vivans, et ne soyons pas trop portés à rire, je ne saurois pourtant m'empêcher de me réjouir des grandes choses que vous faites au-dessus de notre tête. Sérieusement, votre dernier combat fait un bruit du diable aux enfers. Il s'est fait entendre dans un lieu où l'on n'entend pas Dieu tonner, et a fait connoître votre gloire dans un pays où l'on ne connoît pas le soleil. Il est venu ici un bon nombre d'Espagnols qui y étoient, et qui nous en ont appris le détail. Je ne sais pourquoi on veut faire passer les gens de leur nation pour fanfarons : ce sont, je vous assure, de fort bonnes gens; et le Roi, depuis quelque temps, nous les envoie ici, fort humbles et fort honnêtes. Sans mentir, monseigneur, vous avez bien fait des vôtres depuis peu. A voir de quel air vous courez la mer Méditerranée, il semble qu'elle vous appartienne tout entière. Il n'y a pas, à l'heure qu'il est, dans toute son étendue, un seul corsaire en sûreté ; et, pour peu que cela dure, je ne vois pas de quoi vous voulez que Tunis et Alger subsistent. Nous avons ici les César, les Pompée et les Alexandre : ils trouvent tous que vous avez assez attrapé leur air dans votre manière de combattre. Surtout, César vous trouve très César. Il n'y a pas jusqu'aux Alaric, aux Genseric, aux Théodoric, et à tous ces autres conquérans en *ic*, qui ne parlent fort bien de votre action ; et, dans le Tartare même, je ne sais si ce lieu vous est connu, il n'y a point de diable, monseigneur, qui ne confesse ingénûment qu'à la tête d'une armée vous êtes beaucoup plus diable que lui. C'est une vérité dont vos ennemis tombent d'accord. Néanmoins, à voir le bien que vous avez fait à Messine, j'estime, pour moi, que vous tenez plus de l'ange que du diable, hors que les anges ont la taille un peu plus légère que vous, et n'ont point le bras en écharpe. Raillerie à part, l'enfer est extrêmement déchaîné en votre faveur. On ne trouve qu'une chose à redire à votre conduite ; c'est le peu de soin que vous prenez quelquefois de votre vie. On vous aime assez en ce pays-ci, pour souhaiter de ne vous y point voir. Croyez-moi, monseigneur, je l'ai déjà dit en l'autre monde : *C'est peu de chose qu'un demi-dieu quand il est mort.* Il n'est rien tel que d'être vivant; et pour moi, qui sais maintenant, par expérience, ce que c'est que de ne plus être, je fais ici la meilleure contenance que je puis. Mais, à ne vous rien céler, je meurs d'envie de retourner au monde, ne fût-ce que pour avoir le plaisir de vous y voir. Dans le dessein même que j'ai de faire ce voyage, j'ai déjà envoyé chercher plusieurs fois les parties de mon corps pour les rassembler; mais je n'ai jamais pu ravoir mon cœur, que j'avois laissé en partant à ces sept maîtresses que je servois, comme vous savez, si fidèlement, toutes sept à la fois. Pour mon esprit, à moins que vous ne l'ayez, on m'a assuré qu'il n'étoit plus dans le monde. A vous dire le vrai, je vous soupçonne un peu d'en avoir au moins l'enjoûment; car on m'a rapporté ici quatre ou cinq mots de votre façon, que je voudrois de tout mon cœur avoir dits, et pour lesquels je donnerois volontiers le panégyrique de Pline et deux de mes meilleures lettres. Supposé donc que vous l'ayez, je vous prie de me le renvoyer au plus tôt; car, en vérité, vous ne sauriez croire quelle incommodité c'est que de n'avoir pas tout son esprit, surtout lorsqu'on écrit à un homme comme vous. C'est ce qui fait que mon style aujourd'hui est tout changé. Sans cela, vous me verriez encore rire, comme autrefois, avec mon compère le Brochet, et je ne serois pas réduit à finir ma lettre trivialement, comme je fais en vous disant que je suis, monseigneur, etc.

Note O, Page 93.

Maudit soit l'auteur dur dont l'âpre et rude verve,
Son cerveau tenaillant, rima malgré Minerve;
Et, de son lourd marteau, martelant le bon sens,
A fait de méchans vers douze fois douze cents.

APPENDICE.

Il auroit été à propos sans doute de joindre ici une bibliographie des *Plagiaristes*, pour suppléer aux réticences jadis très forcées, aujourd'hui très volontaires, dans lesquelles je me suis renfermé. Voici les principaux, qui dispenseront le lecteur de recourir aux autres.

Fr. Duarenus *de Plagiariis et Scriptorum compilationibus. Opera* Duareni. *Francof.*, 1592, in-fol., p. 1105.

Jac. Thomasii *Dissertatio philologica de Plagio litterario. Lipsiæ*, 1673, in-4°.

Thèse soutenue par *Jo. Mich.* Reinelius, et réimprimée avec des additions importantes et un catalogue des plagiaires, *Leucopetræ*, 1679, in-4°, et *Sulzbachii*, 1692, même format. Godefroy, fils de Jacques Thomassin, en préparoit une nouvelle avec des supplémens, mais elle n'a jamais été publiée. M. Weiss regarde cet ouvrage comme le meilleur qui ait paru sur cette matière.

Deckeri *de Scriptis adespotis, pseudepigraphis et suppositis conjecturæ.* 1681, in-12.

Th. Jansson Alneloveen *Plagiariorum Syllabus.* A la suite des *Opuscula sive antiquitatum... specimen. Amstelod.*, 1686, in-8°.

L'auteur a réimprimé cet *Index* avec des additions et des retranchemens dans les *Amœnitates theologico-philologicæ, Amstelod.* 1694, in-8°.

Dav. Abercrombii *Fur academicus, sive Academia spoliata à furibus. Halæ*, 1689, in-12, et 1701 même format.

J. Alb. Fabricii *Decada decadum, sive plagiariorum et pseudonymorum Centuria. Halæ*, 1789, in-4°.

Réimprimé avec des additions dans le *Sylloge opusculorum* de Fabricius. *Hamburg.*, 1738, in-4°, 1-106.

Cacocephalus, sive de plagiis opusculum, authore R. P. J. L. (Scellier). *Matisc.*, 1694, in-12.

Volume rare, inconnu de Mencken et de Jugler, qui ont recueilli avec soin les noms des plagiaristes, quoique cités avant eux par quelques bibliographes. Il en est fait mention dans Beyer.

J. Conr. Schwarzii *de plagio litterario Dissertatio. Halæ*, 1701, in-4°.

Réimprimé avec des additions et une bonne préface, *Lipsiæ*, 1706, in-8°. Schwartz est encore auteur d'un écrit sur le même sujet : **De *naturali et præcipua cholericorum propensione in frustum litterarium. Coburg.*, 1712, in-4°. Je n'ai pas vu ce livre, qui pouvoit bien n'être qu'une réimpression développée du premier.

Th. Crenii *de furibus librariis, Dissertationes epistolicæ tres. Lugd. Bat.*, 1716, in-12.

Ces trois dissertations avoient paru séparément.

Dans l'*Icon omnis generis* de Leyser, 1722, réimprimé en 1729 sous le titre d'*Amœnitates litterariæ*, un *Syllabus plagii*.

Caietan. Giardina; *Plagiariorum index*; dans les ouvrages de cet auteur.

Frid. Ott. Menckenii *criticæ litterariæ Specimen primum, exhibens plagiariorum duas decades*, dans les *Miscellanea Lipsiensia nova*. 1-87. (1742).

Christ. Lud. Schlichteri; *Catalogus plagiariorum, or-*

dine alphabetico digestus; dans les *Symbola litteraria* d'Icken, Ier (1744).

Ces renseignemens trop imparfaits seroient tout-à-fait insuffisans, si on oublioit de renvoyer le lecteur curieux aux piquans ouvrages de Salden, *Bibliophilia, sive de scribendis et legendis libris*, 1681, in-12, *et de libris varioque eorum usu et abusu*, 1688, in-8°; aux histoires littéraires, aux journaux savans et aux journaux des savans; aux mémoires, aux *acta* de tous les pays. On peut juger d'après cela du soin et du temps que demanderoit la composition d'un livre complet sur ce sujet spécial, si à l'époque où nous sommes parvenus, il étoit possible de faire des livres complets.

FIN.

TABLE DES MATIÈRES.

Avertissement........................Page	j
Épître dédicatoire.........................	v
Table des Auteurs et des Livres cités.........	ix
De l'Imitation...............................	1
De la Citation...............................	13
De l'Allusion................................	15
De la Similitude d'idées, de la Réminiscence, de l'Analogie de sujets........................	18
Du Plagiat...................................	36
Du Vol littéraire.............................	48
De la Cession d'ouvrages.....................	56
De la Supposition d'auteurs...................	61
De l'Intercalation............................	86
Des Supplémens..............................	88
Des Pastiches................................	90
Des Écoles en littérature.....................	96
Des Styles spéciaux et de la *Manière*.........	118
De la Contrefaçon............................	120
Des faux Manuscrits..........................	121
Du Plagiat de titres..........................	123
De la Supposition de livres...................	126
De la Supposition de passages................	134
De la Supposition de dates...................	137
De la Supposition de rareté...................	140
Du Changement de titres.....................	144
D'une Supercherie de certains sectaires........	145
Continuation des précédens...................	146
Conclusion...................................	152
Notes..	157
Appendice....................................	224

FIN DE LA TABLE DES MATIÈRES.

www.ingramcontent.com/pod-product-compliance
Lightning Source LLC
Chambersburg PA
CBHW061955180426

43198CB00036B/995